HORST LEUWER

RÜCKFÜHRUNGEN
REINKARNATION
FRÜHERE LEBEN

❧ Band I ❧

Was ist das?
Wie geht das?
Was erlebt man?
Und warum das alles?

1. Auflage April 2017

Herstellung und Verlag: BoD - Books on Demand, Norderstedt
© 2017 Horst Leuwer
Deutsche Erstausgabe 2017
ISBN: 9783744801447

Rückführungen, Reinkarnation, Frühere Leben
Was ist das? Wie geht das? Was erlebt man? - Und warum das alles?

* Vorwort *

Als Autor mehrerer Bücher zum Themenkreis der Rückführungstherapie möchte ich mit diesem, vorerst nur als E-Book erscheinenden Buch, einen kleinen und dennoch abwechslungsreichen Einblick ins Thema geben.

So soll dieses Buch dazu dienen, Ihnen einen Zugang zum Thema zu ermöglichen. Der überschaubare Umfang, aber auch der bewusst „schmal" gehaltene Inhalt dient dazu, sich einen ersten Eindruck zu verschaffen. Sollten Sie dann mehr wissen wollen, würde es mich freuen wenn Sie sich meine Homepage, sowie meine umfassenderen Bücher und CDs anschauen.

Mir ist es wichtig, möglichst vielen Menschen die vielfältigen Möglichkeiten der Rückführungstherapie näher zu bringen. Warum? Nun, vor allem deshalb, weil ich selbst viele positive Erfahrungen gemacht habe, die mein Leben auf erstaunliche Weise verändert haben. Nichts von diesen zum Teil gravierenden Veränderungen möchte ich missen!

Dazu gehören beispielsweise Veränderungen der Beziehungen zu anderen Menschen (Familie, Freunde, Kollegen, etc.), die Beseitigung von vielen körperlichen und seelischen Verletzungen, das Wissen um die Ursachen manch unliebsamer Begebenheiten in meinem heutigen Leben, aber auch das "Finden meiner persönlichen Wahrheit".

Als ich begann mich mit dem Thema Rückführung zu befassen, hatte ich nicht die Absicht, dabei ein neues Tätigkeitsfeld zu finden. Im Gegenteil, ich war der Meinung diesen Weg aus reiner Neugier zu beschreiten. Da ich jedoch dann auf so faszinierende Weise Veränderungen erfahren durfte, war für mich klar, dass auch viele andere Menschen die Möglichkeiten erhalten sollten, ähnliches zu erleben.

Häufig fragen mich Menschen denen ich begegne: "was soll ich tun, was muss ich tun..., damit es sich verändert?" Ich antworte darauf heute: "sag einfach, >ich will< und drücke diese Absicht klar und deutlich aus".

Sie sollten sich bewusst sein, dass Sie mit dem Ausspruch "ich will das nicht mehr, ich will endlich wieder Freude erleben", etwas in Gang setzen können, dass Ihr Leben umkrempelt. Ist es nicht irgendwann an der Zeit mit dem Klagen aufzuhören? Ist es nicht an der Zeit etwas an dem zu verändern was Sie einschränkt?

Und so fängt für viele Klienten mit der ersten Rückführung etwas Neues an...

...und keiner meiner Klienten hat sich bisher über die Veränderungen beklagt!

✳ Was ist eine Rückführung? ✳

Erläuterung

Was bedeutet der Begriff Rückführung? Wie geht das? Was hat eine Rückführung für einen Sinn?

Ich beschrieb den Begriff anfangs meist als "Zeitreise durch die eigene Vergangenheit" oder auch als Reise zu den eigenen Wurzeln. Letztlich ist es eine Reise durch unser Inneres, der Ort, an dem wir alles entdecken können und wo sich letztlich der einzige Ort wirksamer Veränderung befindet.
Rückführungen werden bereits seit vielen Jahrzehnten durchgeführt. Unter anderem führten auch bekannte Tiefenpsychologen und Psychiater wie Freud und Jung, Patienten in Hypnose zurück.

Heute werden Klienten oft in Tiefenentspannung/ in Trance zurückgeführt. Sie werden dabei meist über Entspannungsübungen oder spezielle Meditationen in den Zustand einer tiefen Entspannung versetzt). Diese Vorgehensweise lässt dem Klienten jederzeit die volle Kontrolle über das Geschehen. Der Klient hört und spürt alles, was um ihn herum vor sich geht. Er kann sich später an alles erinnern, was in der Sitzung geschehen ist.

Aus dem Zustand der tiefen Entspannung heraus wird der Klient beispielsweise behutsam "mit Hilfe seines Unterbewusstseins" in ein schönes Erlebnis in seiner Kindheit geführt. Was der Klient sich letztlich genauer anschauen möchte, entscheidet er selbst. Je nach Grund und Thema für eine Sitzung kann es sich um freudige und glückliche Erfahrungen handeln, denn nicht alle Klienten suchen nach Ursachen für Probleme und Erkrankungen.
Bei einem positiven Thema erlebt man zum Beispiel Harmonie, Glück oder andere positive Empfindungen. Jeder von uns hatte in seinem Leben glückliche und entspannte Situationen.

Da es bei einer Rückführung jedoch oftmals um die Suche nach Ursachen für Erkrankungen, Ängste und Phobien, um Familienthemen und - Ärgernisse, Mutter- und Vaterthemen, Glück oder Leid, Macht und Ohnmacht, sowie persönliche Enttäuschungen und Eigenarten geht, kann es auch zu intensiven Emotionen und Erfahrungen, unglaublichen Begegnungen und vielem mehr kommen. Die Dauer einer Rückführungssitzung liegt bei durchschnittlich drei bis vier Stunden. Sie ist abhängig vom Thema und von den jeweiligen Voraussetzungen.

Ich möchte hier deutlich machen, dass es nach meiner Überzeugung nicht um ein Stillen der Neugier und ein persönliches Wunschkonzert geht, auch nicht, wie viele behaupten, um etwas Esoterisches oder um einen Auswuchs der New Age Bewegung, sondern um etwas zutiefst Spirituelles.
Es ist oft eine Begegnung mit dem Göttlichen, die ich mir früher nie so tief, so beeindruckend vorstellen konnte. Außerdem ist es ein Finden des eigenen ‚Selbst'.
Es geht also primär nicht nur um die „Zeitreisen", die sicher ein interessanter Bestandteil der Rückführungen sind. Einige Rückführer, ob sie sich nun als Anwender oder Therapeuten oder was auch immer verstehen, führen hauptsächlich „Zeitreisen" durch, ohne dabei auf die Suche nach dem tieferen Sinn der aufgezeigten Erlebnisse zu fragen.
Bei meinem Einstieg ins Thema entsprach diese Vorgehensweise auch meinen Erwartungen. Was sollte denn sonst noch möglich sein? Was sollte sich außer dem Wissen, schon einmal gelebt zu haben, hinter den Informationen über frühere Zeiten und Leben weiteres verbergen?
Heute kann ich sagen: „Sehr viel".
Wer nur die „Zeitreise" macht, lässt sich leider nicht auf die eigentlichen, immens wichtigen Möglichkeiten ein.
Natürlich ist es legitim die Klienten so zu bedienen, wie sie es erwarten und wünschen. Dennoch sehe ich hinter der Rückführung den Auftrag, die Menschen auf einen Weg zu ihrem Selbst, zu ihrem Inneren, zu ihrem Sein und auch zum Göttlichen zu begleiten.
Selbstverständlich muss jeder selbst bestimmen können, ob er einen solchen Weg gehen will, ob er bereit ist, oder, ob er es bei dem ersten Ansatz, der Neugier belassen will.

Die Klienten werden in der Sitzung in eine tiefe Entspannung gebracht. Dabei haben sie jederzeit die volle Kontrolle über das Geschehen. Der Klient hört und spürt alles, was um ihn herum vor sich geht. Er kann sich später an alles erinnern, was während der Sitzung geschehen ist.

Nach einer kurzen geführten Meditation wird der Zugang zum Unterbewusstsein gesucht und beschritten.

Dort geht man entsprechend des anstehenden Themas „auf einen Weg", der vom Unterbewusstsein des Klienten, seinen Themen, der Erkenntnis (der Fähigkeiten) des Anwenders oder Therapeuten, aber auch „von oben" mitbestimmt wird.

Ich kann mit Bestimmtheit sagen, dass immer nur das erlebt, gesehen und empfunden wird, was Anwender/ Therapeut und Klient verkraften können.

Nun fragen sie sich vielleicht, was denn dann mit diesen Erfahrungen geschieht. Wie kann der Klient profitieren, wenn er sich als Täter oder Opfer mit allen „Wirkungen und Nebenwirkungen" sieht? Das soll aus den nachfolgenden Schilderungen und Rückführungsprotokollen deutlicher werden.

Möglicherweise musst du, lieber Leser, jedoch den Mut aufbringen, selbst aktiv zu werden und dich selbst auf den Weg machen.

Ich las vor Jahren: „Es hat seinen Grund, warum du dies liest." So ist es auch bei dir, du hast dich – bewusst oder unbewusst – auf einen Weg gemacht, der dich verändern kann, ja er wird es, wenn du dich entscheidest. Es ist die berühmte Kreuzung, an der sich dein Leben verändern kann!

Aber, ich kann dir sagen: „Du musst es nicht, denn wir alle, haben alle Zeit der Welt." Doch jede Minute, die du vergeudest, hält dich von wundervollen Erfahrungen fern und führt dich möglicherweise in weitere „Zusatzschleifen".

Innerhalb der Sitzungen ist das Erleben jedes Klienten anders. Es gibt nie identische Empfindungen. Während manche Menschen alles haargenau wie in einem Kinofilm sehen und erleben („Nein hier bin ich falsch, das ist ja wie im Kino"), sehen andere alles schemenhaft. Wieder andere „sehen nichts", sie fühlen und empfinden alles. Sie können dabei oft genau sagen, wo sie sind, wer und was sie sind, ja sogar Farben, Düfte und Umgebung „wissen" sie.

Da ich selbst zu dieser letzten Kategorie gehöre, kann ich sagen, dass auch dies beeindruckend ist, möglicherweise beeindruckender als das eigentliche Sehen/ Visualisieren.

Alle Erlebnisse und Erfahrungen werden in den Sitzungen auf mögliche tiefere Informationen geprüft und auf Verbindungen oder Parallelen zum Hier und Heute hinterfragt.

Erlebt beispielsweise ein Klient in einer Rückführung den Brand eines Hauses mit allen persönlichen Empfindungen, wie beispielweise dem Geruch des Rauches, der Erstickung und der Angst, kann es sein, dass es im Hier und Heute zu identischen Empfindungen beim Aufkommen der Pollenzeit oder dem Kontakt mit Tierhaaren, kommt. Diese Ursachen können dann – wenn man das Wissen und die Fähigkeit dazu hat – in die Auflösung gebracht werden. Dazu finden sie Beispiele in den Protokollen.

Meist kommt es zur deutlichen Verbesserung, manchmal zum Verschwinden der Beschwerden. Nach vielen Sitzungen kann ich sagen: „Nichts ist unmöglich." Betrachten Sie dies nicht als Heilversprechen!

Körperliche Leiden, Depressionen und Traurigkeit, Allergien, problematische Familienthemen und vieles mehr wurden so erfolgreich beseitigt. Heute überraschen mich Rückmeldungen von glücklichen Klienten nicht mehr. Viele Klienten erlebten auf diesem Weg das Verschwinden von chronischen Beschwerden, Themen, Ängsten, Blockaden und Mustern. Sie blieben größtenteils beseitigt, auch wenn manche Kritiker mahnen: „Das hält nie lange."

Während ich am Anfang meiner Rückführungsarbeit zu vielen Fragen noch Aussagen tätigte wie: „das wird sich zeigen, das müssen Sie selbst herausfinden…" bin ich heute sicher. Viele hundert Sitzungen, Vorträge, Bücher, Meditationen, Rückmeldungen von Zuhörern, Klienten und Lesern bringen das, was man Erfahrung nennen könnte. Doch sind diese Erfahrungen nicht alleine das, was Klarheit bringt, sondern der Zugang zu dem was man unser Innerstes nennt. *Daskalos der berühmte Grieche* nennt es: „die Lehre von der Wahrheit". Diese Wahrheit kann man nur fühlen. Sie offenbart sich, sie lebt in dir…

Aus dieser Erfahrung heraus sage ich heute: Es gibt nichts, was du nicht verändern kannst. Sicher gibt es einen Rahmen in dem sich die Veränderung, die Korrektur, die Heilung, das Ordnen… bewegt. Es existiert quasi ein Rahmen der von der göttlichen Ordnung, dem Seelenplan, der Seelenbestimmung und weiteren Faktoren abhängig ist. Am wichtigsten ist jedoch dein unbedingter Wille „es" zu verändern. „Ich will" ist die Kernaussage mit dem der Weg beginnt.

Was kann denn nun verändert werden?
Entweder will der Klient ein Thema bearbeiten und macht dies in einer Rückführung, oder er begibt sich auf einen „Rundumschlag" bei dem beispielsweise Urverletzungen gelöst und geheilt werden, Inneres Kind und männliche/ weibliche Energien geheilt werden, Besetzungen und Fremdenergien gelöst werden, Karma und Seelenverträge angegangen werden, usw.
Dabei gilt: Wir müssen überhaupt nichts! Wir haben Zeit ohne Ende und können im Rad der Zeit, im Kreislauf des Lebens weiterschwimmen – oder wir beginnen die Dinge selbst zu verändern.

Ist das alles was man mit Rückführungen erleben/ klären kann?
Nun ja, da gibt es noch viele andere Erfahrungen, wie beispielweise die Begegnungen mit der so genannten „geistigen Welt". Zugegeben, mit dem Begriff konnte auch ich vor einigen Jahren nichts anfangen. Und wenn ihn mir jemand erklärt hätte, hätte ich ihn möglicherweise für „nicht ganz normal" gehalten. Ein paar Stichworte zu Erfahrungen von Klienten mit der „Geistigen Welt" sollen an dieser Stelle genügen. So hatten Klienten Begegnungen mit Engeln oder anderen feinstofflichen Wesen, Naturwesen, aufgestiegenen Meistern, Geistführern, Ahnen, und vielem mehr. Oft waren sie dabei in der von Rückführern „Zwischenebene" genannten „Dimension". Michael Newton nannte die Zwischenebene „das Leben zwischen den Leben". Die Klienten erfahren dabei oft sehr viel über sich, die Seele, den Seelenplan, Einsicht, Erkenntnisse und sehr vieles mehr. Für viele sind gerade diese Erfahrungen lebensverändernd…
Nun wird der Kritiker sagen: „das bilden sich die Leute doch ein; oder: das hat der Rückführer ihnen eingeredet; oder: das sind Dinge die der Phantasie- dem Gehirn entspringen; oder: die Menschen haben diese Dinge vorher gelesen und es dann in der Sitzung abgerufen…
Ja, das könnte man denken.
Rückführungstherapeuten „streiten" nicht über die „Tatsächlichkeit"

der Klientenerfahrungen. Sie wissen, dass – wie an anderer Stelle beschrieben – die Schöpfung, das Leben, das Alles in Allem wesentlich von dem abweicht, was uns das „normale Leben" zeigt.

So erlebten auch viele völlig unerfahrene Klienten Begegnungen mit geistigen Wesen. Eine Klientin sagte: „Ich sitze mit jemand zusammen der sagt, er sei mein Geistführer. Was ist das, ein Geistführer?" Eine junge Frau, für die Spiritualität ein Fremdwort war und die fest im normalen Berufsleben steht, sagte: „das sieht aus wie ein Engel. Aber die gibt es doch nur in Geschichten… Aber, ich kann ihn fühlen, anfassen. Und ich weiß, ich erinnere mich, er hat mich schon oft berührt. Ich habe es nur nie verstanden. Ich wusste es ja nicht…"

Das ist real…

Im 6. Protokoll sind ein paar Sätze zu Eben Alexander, einem bekannten Hirnforscher beschrieben. Sein Buch kann ich sehr empfehlen…
Dennoch werden sie vielleicht an manchen Stellen denken: „Was er da schreibt, ist doch überhaupt nicht möglich, das kann doch nicht sein."
Ja, dasselbe hätte ich vorher auch gesagt, aber es ist das, was ich erlebte, und nach jeder Erfahrung war klar, dass das Erlebte über jeden Zweifel erhaben war.
Vieles zwischen Himmel und Erde ist unserem menschlichen Denken verborgen und auf den ersten Blick nicht zu verstehen. Erst wenn man sich auf die Suche macht, wird man finden.

* Die Reinkarnationstherapie *

Die Reinkarnationstherapie geht nach der zuvor beschriebenen Methode (Rückführung), auf Spurensuche nach den Ursachen für Auswirkungen im Hier und Heute, in früheren Leben zurück. Die Klienten erleben während der Sitzung oft Bilder und/ oder körperliche und emotionale Erinnerungen aus früheren Leben. Diese Erlebnisse zeigen Ihnen, was Sie damals so verletzt hat und warum Sie heute in bestimmten Situationen mit Angst, Panik oder Ähnlichem reagieren.

Aufgrund meiner Erfahrungen, kann ich heute mit absoluter Gewissheit sagen, dass die Seele des Klienten dafür sorgt, dass nur so viel Erinnerung geweckt wird, wie es in dieser Sitzung zu diesem Zeitpunkt notwendig und (v)erträglich ist. Da das Bewusstsein der Klienten wach ist, aber gleichzeitig in ein früheres Leben reist, können schmerzliche Erlebnisse bewusst losgelassen werden. Die Seele weiß, der Körper nimmt wahr und der Geist erkennt, dass diese Ereignisse nicht mehr in das heutige Leben gehören.

Wie in der Rückführungstherapie gibt es auch hier weitere Mechanismen um die besagten Prägungen zu lösen. Dies gilt auch für so genannte karmische Ursachen und für Seelenverträge. Beide haben schwerwiegende Folgen für unser heutiges Dasein. Ein Karma oder ein Seelenvertrag führen beispielsweise dazu, dass wir es nicht schaffen mit bestimmten Situationen, Personen und Begebenheiten frei und unbeeinflusst umzugehen. Es kommt immer wieder zu unerklärlichen Auseinandersetzungen, scheinbaren Niederlagen, Verlusten, Ängsten und vielem mehr. Ohne kompetente Hilfe ist ein Entkommen aus diesen Verstrickungen oft nicht möglich!

Auch so genannte Programmierungen die in früheren Leben gesetzt wurden, können gelöst werden. Sätze wie "Ich werde nie mehr glücklich sein"; "Ich werde immer verlassen werden"; "Ich werde meine Kinder immer verlieren" oder „Ich will nie wieder Kinder haben", können bis ins heutige Leben hinein wirken und uns negativ beeinflussen. Eine chronisch pessimistische Einstellung, unglückliche Partnerschaften,

Umklammerung der eigenen Kinder und unerklärliche Kinderlosigkeit überraschen bei Menschen, die solches erlebt und manifestiert haben, nicht.

Diese Sätze, unsere so genannten Glaubenssätze, können während der Rückführung aufgelöst und losgelassen werden, wodurch das heutige Leben sehr oft erleichtert werden kann. Innerhalb der Rückführungen können Sie zum Teil erleben, welche Menschen aus dem heutigen Leben Sie schon von früher kennen und warum mit diesen Personen bestimmte zwischenmenschliche Probleme auftreten. Auch viele Verwandte, Bekannte, Freunde und Kollegen kennen wir bereits aus vergangenen Leben. Auch das Erkennen von Seelenverwandtschaften ist oft sehr beeindruckend...
Einsatzgebiete in der Reinkarnationstherapie können dabei sein:

- Karmische Verstrickungen
- Seelenverträge
- Programmierungen
- Fremdenergien/ Besetzungen
- Energetische Verbindungen
- Themen der Familie, Ahnen, etc.
- Glaubenssätze - siehe Text oben
- Klärungen in der Akasha Chronik
- Erleben der Zwischenebene (siehe oben)
- Rückholung von Seelenanteilen
- und unglaublich vieles mehr...

Welche Probleme führen Menschen zum Rückführer?

- Körperliche Leiden wie Migräne, chronische Schmerzzustände, Allergien...
- Unheilvolle Ver- / Bindungen mit bestimmten Personen
- Ängste (vor Verlust, vor der Zukunft, um Personen, vor Leid, Trauer, Schmerz, Existenzverlust, usw.)
- Phobien (vor Spinnen und sonstigen Tieren, Platzangst, usw.)
- Auseinandersetzungen und Trennungen innerhalb von Familien

- ✳ Depressionen, Trauer, Todesverlangen…
- ✳ Kinderlosigkeit, Einsamkeit, „Nicht wert sein"…
- ✳ Emotionale Störungen (Berührungsängste, Angst vor Nähe, usw.)und Auseinandersetzungen mit unseren Schatten (Wut, Ärger, Hass, Jähzorn, Eifersucht, Abnormitäten…)
- ✳ Unfälle und Traumata (warum passiert das immer mir?)
- ✳ Sinnsuche (Suche nach der eigenen Bestimmung)
- ✳ Seelenpartnerschaften
- ✳ Und vieles, vieles mehr!

Ich habe mich gefragt, was sie als Leser am meisten interessieren könnte. Ich weiß noch, dass mein erstes „richtiges" Buch über Rückführungen von einer geschätzten Kollegin war. Ganz besonders hatten mich die Sitzungsprotokolle ihrer Rückführungen begeistert. So haben solche Sitzungsprotokolle auch hier einen besonderen Stellenwert.

Ohne dass ich sie besonders strukturiere, werden viele Protokolle zeigen, wie vielfältig unsere Vergangenheit ist. Und seien sie sicher, es ist nur ein Bruchteil dessen, was die Schöpfung als unglaublich vielfältige Spielwiese zu bieten hat.
In dieser Aussage deute ich an, dass ich heute sicher bin, dass die göttliche Schöpfung all' das was wir erleben, zur Verfügung gestellt hat. Die Seele als göttliche Schöpfung nimmt diese Grundlage als Grundsubstanz, um entsprechend dessen was sie erleben möchte weiter zu erschaffen und zu schöpfen. Göttlicher Plan und Seelenplan geben die Rahmenbedingungen vor, in denen sich „das Alles in Allem" verwirklichen kann… Dazu vielleicht mehr in weiteren Ausgaben/ Bänden.

* Sitzungsprotokolle *

Fallbeispiel / Protokoll 1

Die Klientin hatte bereits eine Sitzung in der sie ihren Seelenpartner kennen gelernt hatte. In der Folge konnte sie endlich viele störende Dinge und Beziehungen loslassen und war offen für neue Begegnungen...

In ihrer zweiten Sitzung steigt sie in eine Situation als Bäuerin ein. Von ihren Eltern wird sie durch eine Zwangsheirat mit einem Mann den sie nicht liebt zusammengebracht.

Die große Liebe ihres Lebens darf sie nicht leben, ihr Vater untersagt es ihr. Ihr unfreiwillig aufgezwungener Ehemann nimmt sich mit Gewalt was er nicht in der Liebe erhält. So wird ihr Sohn geboren. Diese Seele kennt die Klientin im heutigen Leben auch (heute ist es der verstorbene Vater). Diesen Sohn kann sie nicht lieben, sie stößt ihn regelrecht weg. Es ist ihr untersagt Liebe zu leben. Einige Situationen dieses Lebens schaut sie sich an. Es ist ein trauriges und tristes Leben.

Nun führe ich sie in die letzte Phase dieses schweren Lebens. Sie erlebt sich auf dem Sterbebett. Ihr Sohn hat mittlerweile selbst Familie. Diese hat ihr deutlich gezeigt, dass man sich lieben kann, doch hat sie es nie zugelassen. Sie hat es sich und allen anderen verwehrt Liebe zu erleben, zu fühlen, zu leben. Zu tief war der Schmerz des Erlebten.

Stolz, aber auch ihre tiefen Verletzungen hatten sie eingemauert. Ihren Mann hat sie verachtet, ihren Sohn hat sie mit Missachtung für ihre eigenen Verletzungen bestraft. Auf dem Sterbebett erlebt sie diese Missachtung, den Stolz, alles was sie nicht vergeben und verzeihen konnte.

Eine Vielzahl von Glaubenssätzen wird in eindrucksvoller Formulierung ausgesprochen:

* Ich will nie wieder Kinder
* Nie wieder missbraucht werden
* Nie wieder einen Mann den ich nicht wirklich will
* Ich will nie wieder so verletzt werden
* Ich will nicht mehr im Stolz gefangen sein

* Ich will mich der Liebe nicht mehr verschließen
* Ich will immer glücklich sein, u.v.m.

Sie verlässt nach dem Betrachten des Sterbens diesen Körper.
Auf der Lichtebene, der von Rückführern sogenannten Zwischenebene, (andere nennen es das Leben zwischen den Leben) geht es mit einigen Lichtwesen, sowie ihrem Vater in die Betrachtung der vielfachen Verletzungen aus dem Bäuerinnen Leben.
Ich bitte dabei das Innere Kind, sich zu zeigen. Beim Auftauchen zeigt es einige tiefe Verletzungen aus der Kindheit.
Es kann jedoch sehr schnell einen Austausch mit der Klientin zulassen.
Es bittet um mehr Beachtung im Hier und Heute, um Liebe und Nähe.
So ist es bereit sich wieder mit der Klientin zu verbinden.
Der Innere Mann (männliche Anteile) leidet unter der Missachtung und der Verachtung der weiblichen Energie. Er ist zutiefst traurig und wünscht sich Liebe und Anerkennung.
Die Innere Frau (weibliche Anteile) ist sehr verletzt durch die Verletzungen des Mannes; Missbrauch, Machtmissbrauch, Unterdrückung und vieles mehr. Es dauert etwas, doch dann kann sie die Liebe der Klientin so annehmen wie der Innere Mann und das Innere Kind.
Die Klientin fühlt sich nach der „Heilung der Inneren Anteile" wieder vollständig. Sie ist froh und erlebt die energetische Auflösung/ Transformation in der violetten Flamme noch als Abrundung.

Wenn Du lieber Leser mehr zu den Inneren Anteilen, wie dem Inneren Kind wissen möchtest lade ich Dich ein, meine Homepage aufzusuchen.

Fallbeispiel / Protokoll 2

Die Klientin sucht nach den Gründen für die Begegnung mit ihrer Zwillingsseele (Bezeichnung für eine sehr nahe Seele) vor einigen Monaten. Nach einem heftigen Streit kommt es zur Trennung.
Auf den Impuls in eine Ursprungssituation zu gehen, taucht sie in eine Situation in einem Leben in Frankreich, etwa um 1700 ein. In einem großen Schloss erlebt sie sich als gut gekleidete Tochter des Hauses. Sie

spaziert durch den Schlossgarten, genießt es, wohlhabend zu sein, die Natur zu genießen…

Mit den Jahren freundet sie sich mit dem Stalljungen an und verliebt sich schließlich in ihn. Sie erlebt eine sehr tiefe und innige Nähe zu diesem Jungen. Der Kontakt, der Blick in die Augen, die Gespräche, das Verständnis für einander, alles ist sehr tief und wunderschön. Im Heute kennt die Klientin diese Seele – der Mann von dem sie nun getrennt ist. Beide haben in der Folge eine wundervolle Zeit, sind viel gemeinsam unterwegs, treffen sich, küssen sich. Doch wird ihr unerlaubtes Zusammensein von der eigenen Schwester verraten. Die darauf folgende Streiterei mit dem Vater bringt Züchtigungen, Bedrängnis, Angst, Wut, Hass, Schrecken…. mit sich. Die Züchtigung ist ihr sehr unangenehm, irgendetwas stimmt hier nicht.

Nun wird deutlich, dass sie schwanger ist. Und der Vater ist der Erzeuger des Kindes. Sie ist schockiert. Und dennoch liebt sie das heranwachsende Kind.

In einer weiteren Situation wartet sie wieder auf den jungen Mann im Wald am See. Doch wird sie wieder beobachtet und überraschend von hinten gestoßen. Sie stürzt dabei in ein tiefes Loch und stirbt.

Sie spricht viele Glaubenssätze aus wie beispielsweise:

- Ich will nie wieder so sterben.
- Ich will nie wieder so leben
- Ich will nie wieder solche Schmerzen haben
- Ich will nie wieder vergewaltigt werden
- Ich will nie wieder auf meine Liebe verzichten müssen
- Ich will nie wieder in dieser oberflächlichen Welt leben.
- Ich will nie wieder so hintergangen werden und so traurig sein…

Auf der Zwischenebene wird sie von vielen Seelen und Wesen begrüßt. Das ungeborene Kind ist heute ihr Sohn.

Ihre Lernaufgaben waren damals:

- Demut, vor allem für Menschen die weniger haben
- Glücklich sein
- Gutes tun, Armen helfen, Mittler zwischen Reich und Arm sein
- Liebe erleben, geben und leben
- Abgeben, Teilen

Die Lern- und Lebensaufgaben hat sie teilweise gelöst, aber auch wieder im Gepäck im aktuellen Leben.

Als ein weiterer geistiger Helfer kommt Aengus hinzu, seine Hinweise zum Thema Zwillingsseele:

- Der Zwilling ist der Helfer in Sache bedingungslose Liebe
- Die Klientin ist in diesem Leben Helferin für den Zwilling
- Sie hatten viele gemeinsame Leben, beispielsweise in Irland ein überaus glückliches und harmonisches Leben mit 5 Kindern in einer wundervollen Umgebung, zusammen bis zum Lebensende
- Das jetzige Leben war wieder eine gemeinsame Entscheidung
- Glück und Frieden als Themen
- Besonderes Thema wie so oft: das Loslassen, auch die Eltern
- Besonders die Energie der Mütter, sie SEIN lassen, ist gravierend wichtig, vor allem alte Gedanken, Muster…
- Sie hat kein Karma, keine Seelenverträge, keine Flüche als Belastungen

Ihr Hüter der Akasha Chronik gibt ihr viele Informationen

- Er zeigt ihr Formen aus der hl. Geometrie, rein, glatt, strahlend
- Die Glaubenssätze werden verbrannt
- Weitere Glaubenssätze werden aufgelöst:
  - ich darf nie unverheiratet mit Männern schlafen
  - Ich muss meinem Mann immer gehorchen
  - Sexualität ist schmutzig
- Alter Hass, Wut, Zorn sitzen als geballte Energie an ihrem Rücken (LWS) – dort wo sie oft Beschwerden hat. Ihre Helfertiere helfen diese Energien zu transformieren
- Die Energien sind auch mit dem Herzen verbunden, Metatron berührt diese dunklen Flecken und lässt sie im Licht erstrahlen

Nun taucht für sie unerwartet Christus auf. Er teilt folgendes mit:

- Du bist wunderbar, großartig, wir lieben dich
- Die Liebe Gottes ist immer an deiner Seite- auch unsere
- Mach dich nicht immer so klein

- ⁂ Dein Licht strahlt so schön
- ⁂ Sie strahlt violett- ist Transformierer für viele
- ⁂ Alles ist gut und bleibt gut
- ⁂ Alles kommt zu seiner Zeit
- ⁂ Bedingungslose Liebe und die Demut bedingen einander
- ⁂ Sie sieht das Herz des Universums… Loslassen und Zulassen sind jetzt wichtig, Liebe und Partnerschaft kommen
- ⁂ Christus küsst sie auf Stirn und streichelt ihre Wangen…. Sie weint vor Rührung
- ⁂ Er bedankt sich
- ⁂ Er ist immer für sie da…

Nach der anstrengenden Sitzung ist sie froh, total geschafft. Und sie ist meine erste Klientin die zwischendurch eine Zigarette rauchen muss

Fallbeispiel / Protokoll 3

Diese Klientin erlebte bereits mehrfach Missbrauch im aktuellen Leben…
Sie beginnt ihre Reise in einem Indianerdorf als junges Mädchen. Ein harmonisches Leben herrscht in diesem Zeltdorf. Sie hilft bei vielen Dingen, wie beim Wasser holen, Fische fangen…
Auch das Heilkräutersammeln ist ihre Aufgabe mit vielen anderen Frauen zusammen. Anfangs wenden die älteren Frauen diese Kräuter an, doch immer mehr wächst sie selbst in diese Aufgabe hinein. Sie selbst sucht nach Anerkennung, erhält diese auch…
Sie hilft beispielsweise einem verletzten Jungen, legt einen vorgekauten Kräuterbrei auf die Wunde. Die Schmerzen werden besser, es hilft. Krankheiten werden besprochen, es wird gesungen, gebetet, Hand aufgelegt,… Alles ist gut, sie hat Vertrauen.
Sie wird älter, trägt ein weißes Gewand, einen Tierzahn um den Hals, hat lange Zöpfe, Federn, ist bemalt. Sie hilft bei Geburten, bei Verletzungen, Krankheiten, begleitet beim Sterben, bereitet die Toten zur Verbrennung vor. Und sie hilft auch Tieren.
Sie selbst hat 3 Kinder verloren, sie ist traurig, weiß nicht warum ihr das geschieht, sie wird deshalb im Dorf beschimpft und gemieden, es macht

ihr Angst, sie fühlt sich hilflos, traurig, alleingelassen, im Schmerz nicht gesehen, mit Füßen getreten.

„Du bist es nicht wert ein Kind zu haben, sagt sie sich". Das alles schnürt ihr die Brust zu, sie spürt den Druck im Innen und im Außen.

Sie kann anderen helfen aber nicht sich und den Kindern die tot geboren wurden…"das ist ungerecht, sagt sie zu sich und nach Oben."

Sie ist wütend, zornig, sie weint, schreit, trampelt mit den Füßen, und sie begibt sich in die Isolation… Sie kennt all diese Gefühle, auch die Isolation im Heute…

Sie beschließt nun nicht mehr zu helfen.

Doch im Dorf zwingt man sie die Heilerarbeit weiter fortzusetzen, man braucht sie, denn sie ist eine gute Heilerin. Sie wird gezwungen, ihr Wille und die Gefühle werden nicht akzeptiert, sie hat die Pflicht zu helfen.

Doch sie will nicht, dass alles ist ihr egal, lieber will sie sterben…

Sie zieht aus dem Dorf und baut in der Natur ein Haus für Kinder die nicht gewollt und ausgestoßen sind. Sie sind als Gruppe ausgegrenzt, auch andere Frauen kommen hinzu. Sie werden gemieden wie die Pest.

Sie erlebt einen Überfall: Ein kriegsbemalter Krieger bricht ins Haus ein, missbraucht sie und erdrosselt sie. Jahre zuvor hatte sie ihn abgewiesen – wollte ihn nicht zum Mann.

Spürend, dass es einen weiteren Hintergrund gibt, lasse ich sie in eine weitere Situation mit diesem Mann gehen. Es zeigt sich ein weiteres gemeinsames Leben:

Sie ist eine Hebamme die mit vielen Hausmitteln wie Kräutern den Frauen bei der Geburt hilft. Bei einer Geburt kommt ein Kind tot, stranguliert zur Welt.

Die Hebamme soll schuld gewesen sein, sie soll mit dem Teufel im Bund stehen. Sie wird verfolgt und mit Hunden gejagt.

Es ist schrecklich, denn sie weiß ja, sie ist unschuldig. Der Vater des Kindes ist schon älter, er hatte auf einen Erben gewartet und macht sie verantwortlich für den Tod. Seine Frau nicht, sie hat Verständnis.

Die Hebamme wird wegen Ketzerei und Hexerei angeklagt und landet auf dem Scheiterhaufen. Sie ist traurig, dass sie den Menschen nicht immer helfen konnte. Auch Frauen die zu ihr stehen werden geschlagen und misshandelt.

Sie ist absolut machtlos…

Sie spürt überall Schmerzen, die Füße werden heiß, sie betet laut, bittet das ihr die Schmerzen genommen werden. In dieser Situation spricht sie unter anderem folgende Glaubenssätze aus:

- Nie wieder will ich solche Schmerzen haben,
- … so leiden, so alleine sein, so hilflos sein, gefoltert werden
- … So viele Menschen hassen und Menschen als Feinde sehen
- … Spielzeug für andere sein
- … machtlos sein, kraftlos sein, verachtet werden, gehasst werden, geschlagen werden, verfolgt werden
- … mich verstecken müssen, so klein sein

Ein Lichtwesen holt die Seele nun ab und bringt sie auf die Zwischenebene um ihr die Leichtigkeit zu zeigen. Sie fühlt auch Geborgenheit, Ruhe, Frieden. Ein Wolf ist bei ihr, begleitet sie als Krafttier. Mit ihm und dem Lichtwesen hält sie Rückschau auf das Leben:

- Das Leben war sehr kraftvoll und Kraftraubend
- Sie darf sich zurücklehnen
- Sie hat eine besondere Nähe zur Natur und den Naturwesen, hat sie bisher zu wenig wahrgenommen
- Sie nimmt das Element Wasser als Helfer wahr. Sie hätte es immer einsetzen können… beispielsweise zur Reinigung…
- Ein Braunbär taucht auf: „du hättest viel mehr Kraft haben können, wenn du gewollt hättest"
- Merlin ist ihr Geistführer, „endlich hast du es gehört, nimm es an wie es ist, wie du bist"
- Es gibt Verträge mit ihrem Mann und ihrem Vater aus dem Mittelalter, es ist Zeit diese aufzulösen.

Es geht zum Hüter der Akasha Chronik:

- Der Hüter ist wie ein heller Lichtstrahl, warm, wundervolle Energie
- Viele Verträge werden gelöst. Viele Blätter aus der Akasha Chronik gerissen

- ⁂ Der Hüter löst Karma, 6 Ausgleichleben werden gelöst
- ⁂ Die Ängste aus dem Herzen werden in Form einer großen Kugel gelöst (Unwissenheit, Verfolgung, Gewalt, Luft genommen, Angst um andere, Schwächere, ...)
- ⁂ Ein Angst - Elemental wird gelöst und verbuddelt
- ⁂ Seelenanteile fließen zurück (Freude, Glück, Freiheit, Geborgenheit, Leichtigkeit, Verständnis, Zuneigung, Macht, auch Kraft und Stärke)
- ⁂ Merlin: „Zweifle nicht immer so, du kannst endlich deine heilenden Hände annehmen, nicht so viel hinterfragen, wir sind immer für dich da..."
- ⁂ Büffel und Rabe sind weitere Helfer: „Du bist, warst und bleibst unsere Heilerin...."
- ⁂ „Spüre die Liebe der Menschen die dich lieben"
- ⁂ Hüter: „Nun lebe dein Leben, erfreue dich daran,"

Der Tempel der Heilung rundet eine sehr intensive Sitzung ab....
Eine frohe und glückliche Klientin verlässt mich.

Fallbeispiel / Protokoll 4

Diese Klientin hat Erfahrung mit Energiearbeit, mit Aufstellungsarbeit, mit Schamanismus. Sie tut sich sehr schwer die Themen Tod, Verlust und Sterben so in ihr Leben zu integrieren, dass das Loslassen nicht mehr schwer fällt.
Auch sie steigt sehr schnell in ein früheres Leben als Gutsherrin Katharina ein. Das Gut ist groß, viele Ländereien, große Gebäude, Stallungen. Sie hat viel Besitz und lässt dabei ihren Angestellten die absolute Freiheit.
Das ist sicher eine Seltenheit in dieser spätmittelalterlichen Zeit. Doch ist sie eine sehr gute Herrin. Als ihr Mann starb, blieb ihr nur die Wahl zwischen dem Verkaufen und dem Arrangieren mit der vorhandenen Situation. Und so nahm sie die Herausforderung an, lernte es, die Angestellten mit Aufgaben zu betreuen und so „erfolgreich" zu sein.
Nach einigen Jahren nimmt sie ein 6 jähriges Mädchen, Eva, von mittellosen Eltern auf. Es soll auf dem Gutshof Magd werden und lernen. Katharina verspricht der Mutter, sich um das Kind zu kümmern

und gibt es in die Obhut der Angestellten.

Die Klientin fühlt, das Evas Seele sich die Dinge selbst gewählt hat, eben das Magd sein. Doch entdeckt sie auch, dass sie, obwohl sie sich kümmern wollte, dieses Kind irgendwie vergessen hatte. Das „sich kümmern" war völlig aus dem Blick geraten.

So erlebt sie viele Situationen mit Eva in denen diese beispielsweise Speisen anreicht und sie in Lebensphasen unterstützt. Bei vielen Situationen bis hin zur Sterbephase Katharinas, wird Eva immer trauriger und verschließt sich letztlich ganz.

Sie hat Heimweh und darf dennoch nicht in die Freiheit, sie ist halt Magd.

Die Klientin erlebt ihr Sterben als Katharina friedvoll. Doch kann sie den Körper nicht ohne weiteres zurücklassen. Sie bleibt erst einmal erdgebunden und betrachtet, was aus Haus, Eigentum und den Menschen wird. So erlebt sie, dass alles gut wird, die Eigentümer wechseln und sie kann irgendwann in Ruhe gehen. Sie hat dabei ständig einen Engel an der Seite. Er teilt mit: „Ich bin der Engel des Wandels".

Sie weiß, und sie fühlt, dieser Engel ist auch im Heute ihr Begleiter. Nun geht's nach einem Hin und Her in die Zwischenebene wo es einen Austausch mit diesem Engel des Wandels gibt.

Viele Glaubenssätze in denen es zum Beispiel um das nicht Annehmen der eigenen Macht geht, das nicht Kümmern um den anderen, die fehlende Freiheit und andere Dinge, werden erkannt.

Die Lebensaufgaben sich um die Menschen zu kümmern ohne sie einzuschränken hat sie geschafft, sie einfach Sein zu lassen.

Immer wieder aufgetretene einseitige Beschwerden an der linken oder rechten Seite lassen mich ihre männlichen und weiblichen Anteile rufen/ betrachten. Eine sehr intensive und zeitaufwendige Analyse der Verletzungen, Kränkungen und Erfahrungen folgt.

Ihre männlichen Anteile wurden durch Erfahrungen aus Macht, Krieg und Schlachten, Mord und Totschlag sehr intensiv geprägt, verletzt und dazu gebracht, dass die männliche Seite sich heute selbst hasst.

Auch das was „der Mann" der Weiblichen Energie zugefügt hat, tut weh! Die Weibliche Energie ist zutiefst verletzt, nicht anerkannt und kann ihre Weiblichkeit nicht mehr ertragen. Sie sieht doch lieber das knabenhafte an sich.

Nun erlebt die Klientin, dass auch Vater und Mutter hinzukommen.

Auch hier gibt es viel zu lösen und zu heilen. Auch dieser Prozess dauert einige Zeit und bedarf intensiver Unterstützung durch geistige Wesen.

Jetzt kommt es zum Austausch mit der Magd Eva. Es zeigt sich, das diese Seele im Heute ihr Lebensgefährte ist und zudem ein Seelenpartner. Beide hatten viele Existenzen gemeinsam, die des Partners eher selten oder jetzt zum ersten Mal. Offensichtlich war bisher die Akzeptanz des Männlichen nicht möglich, des männlichen Partners.
Nachdem nun all diese Anteile alte Verletzungen losgelassen haben und vieles geheilt wurde, können die in einer Lichtsäule verschmelzenden Anteile nun integriert werden. Sie nehmen ihre Plätze im Lichtkörper der Klientin wieder ein.
Eine frohe und sich wohl fühlende Klientin geht...

Fallbeispiel / Protokoll 5

Der heutige Klient ist noch recht jung und gibt als Hauptgrund für seine Rückführung sein Helfersyndrom und Beziehungsprobleme an.
Er steigt schnell und zügig in seine Sitzung ein. Er sieht sehr deutlich, und visualisiert dabei sehr früh einen verstorbenen Großvater und sein Krafttier.
Im Haus der Beziehung zeigen sich 7 Zimmer.
In einer ersten auftauchenden Situation sieht er eine ehemalige Partnerin durch einen Spiegel. Sofort erlebt er sich mit ihr in verschiedenen Lebenssituationen die zeigen, dass die beiden eine sehr tiefe Verbindung haben. Seine Begleiter sagen ihm, dass diese Seele seine Spiegelseele sei.
Der Klient geht nun in eine Situation als Ritter. Er trifft eine schöne Frau, erkennt jedoch, dass diese nicht frei ist. Sie ist tief verhaftet in eigene Mangelthemen, muss ihr Leben in Armut leben. Es ist ihr Lebensplan, ihr Seelenplan.
So muss er sie zurücklassen.
Als Burgherr wird er sehr einsam und unglücklich. Zeitlebens fehlt ihm diese tiefe Liebe. Er hatte sich nie getraut eine ebenfalls angebetete Adlige anzusprechen, außerdem war er mit dem Herzen noch bei der

Magd, doch diese Verbindung durfte ja nicht sein.
Er spricht mehrere Glaubenssätze wie:

- Ich bin es nicht wert zu lieben/ geliebt zu werden
- Ich will nie wieder einsam sein
- Ich will nie wieder so unfrei sein
- Nie wieder so traurig sein
- Ich will immer glücklich sein
- Ich will immer geben
- Ich will immer Glück bescheren
- Ich will immer frei sein

Schwerwiegende energetische Bindungen (goldene Schnüre) bestehen zwischen den beiden Hauptakteuren (Burgherr und Magd). Die geistigen Helfer von M. durchtrennen eine Vielzahl dieser Schnüre. Doch können einige Verbindungen nicht durchtrennt werden, sie sind sich seelisch sehr nah, und so dienen die Verbindungen der weiteren Entwicklung.
Es geht in die nächste Situation, ein Zusammentreffen mit einer weiteren Freundin. Die beiden vergnügen sich auf einem Sofa. Thema hier ist:

- Wir leben und lieben
- Die bedingungslose Liebe
- Alles ist ohne Begrenzung
- Es ist einfach Glück, Freude, Friede und Freiheit
- Es macht Spaß
- „so wie es sein soll"
- Die Lebensaufgabe das Leben zu genießen und sich gegenseitig wertschätzend frei zu lassen passen dazu

Die nächste Situation zeigt eine Verbindung mit einer weiteren Partnerin. Diese Beziehung hinterließ eine dauerhafte energetische Verbindung mit einem Seil um den Hals. Dies zieht die beiden sehr intensiv zueinander und bewirkt absolute Unfreiheit. Er fühlt sich massiv bedrängt, eingeengt, atemlos, bedrückt. Die Symptome sind derer des jährlich auftretenden Heuschnupfens mit Atemnot, Enge, etc.

doch sehr ähnlich. Der Klient erhält den Auftrag dieses Seil selbst zu zerreißen, was er schafft.

Er betrachtet nochmals alle Situationen und Beziehungen mit seinen Begleitern. Und es wird ihm schnell klar, dass er mit einigen dieser Seelen noch lange über die Beziehung hinaus energetisch verbunden war. Ketten, Bänder, Fesseln, etc. ließen beide Seiten nicht frei sein. Wir lösen jetzt diese energetischen Verbindungen, durchtrennen sie. Eine riesige Last fällt von ihm ab: „Endlich bin ich frei" sagt er.
Seine Begleiter teilen ihm mit, dass alle Beteiligten sich gegenseitig Helfer und Spiegel sind. Insbesondere gilt dies für die Seelenpartner und die Spiegelseele. „Sie zeigt dir EINS zu EINS was du bei dir und in dir tun musst".
Sein Krafttier ruft ihn auf es mehr einzusetzen.

Fallbeispiel / Protokoll 6

Auch Frau S hat Erfahrungen mit schamanischem Wirken und erlebt immer wieder Begegnungen mit sehr kraftvollen, von ihr als negativ empfundenen Energien.
Nach diesen Erfahrungen war sie oft krank, bis hin zu einer heftigen Herzerkrankung. Schmerzen, Ängste, und so weiter begleiteten sie über weite Strecken des Lebens.
Bisher hat sie sich nicht getraut die Ursachen zu suchen. Da sie selbst in einem medizinischen Beruf tätig ist, kennt sie alles rund um medizinische Ursachen, wissenschaftliche Erklärungen, etc. „Doch das was ich erlebe, hat völlig andere Ursachen", da ist sie sicher.
Ein langes Vorgespräch, eine noch längere und beeindruckende Sitzung folgt. Nachfolgend sind nur einige Auszüge aus der Sitzung zitiert.
Eine erste Situation führt sie nach Avalon. Die Klientin erlebt sich hier als die Anführerin von 13 Priesterinnen die erstaunliche und machtvolle Fähigkeiten haben. Sie können mit ihren Energien quasi alles beeinflussen, bewegen und bewirken. Sie haben **die** Macht.
Eine der Priesterinnen beansprucht jedoch die Macht einzig für sich und verbündet sich mit einer Horde Männer. In einem schrecklichen, gewaltsamen Gemetzel werden alle 13 Priesterinnen (einschließlich der

Verräterin) durch die Männer misshandelt und missbraucht, getötet und geschändet. Ihre komplette Energie wird geraubt, regelrecht ausgesaugt. Die Klientin erlebt diese Situation als sehr traumatisch.

Die nächste Situation führt uns zu den Anunnaki (ich habe bereits in mehreren Sitzungen mit diesen Wesen Begegnungen erlebt).
Die Epoche in der die Klientin lebt, zeigt unglaublich weitentwickelte Wesen. Letztlich haben sie keinen festen Körper, können ihre Form verändern und mit ihren Energien alles bewirken! Sie sind in der Lage Licht zu zentrieren und mit dem Universum zu kommunizieren, sowie von dort Nachrichten zu empfangen. Sie bewegen sich mit der Kraft der Gedanken, sind in einer horizontalen Haltung. Die Sinne sind so ausgeprägt, dass sie unglaublich viel wahrnehmen, Leichtigkeit, Glück und Freude prägen die Emotionen.
Doch dann kommt es zur Konfrontation mit den Anunnaki – und diese wird entsprechend heftig. Lange Auseinandersetzungen mit diesen Wesen bringen kein Ergebnis, sodass die Anunnaki gewaltsam übergreifen. Sie setzen bei vielen Bewohnern gewaltsam schreckliche Folterwerkzeuge und Implantate (Kopfhelm, Hals, Schulter, Herz, Solar Plexus, Becken, Beine) ein. Damit haben sie nun Einfluss über viele Körperfunktionen.
Sie entziehen den Menschen 10 der damals vorhandenen 12 DNS Stränge und dies auf eine sehr schmerzvolle und traumatische Weise. Viele dieser Beschwerden und Schmerzen kennt die Klientin aus dem heutigen Leben. Sie erlebt Dunkelheit und absolute Kälte, wie schon einige Klienten zuvor in gleichen Erfahrungen. So detailliert wie diese Klientin konnte bisher jedoch noch niemand das Geschehen schildern. Nach dem Sterben in dieser Inkarnation trennt sich die Seele von diesem geschundenen Körper und geht auf die geistige Ebene. Viele geistige Wesen versammeln sich jetzt um die Seele zu empfangen. Viele nennt die Klientin ohne ihre Namen vorher jemals gehört zu haben: Ashtar, Christus, der Engel des Wandels, Metatron, Melchisedek, Nathanael und andere streiten sich nun mit dem Anführer der Anunnaki. Die Bitte der Klientin alle gesetzten Implantate zu entfernen, alte Energien zu lösen und endlich in Ruhe gelassen zu werden lehnt der Anunnaki-Führer ab.
Immer wieder muss ihm mit dem Hinweis auf die kosmischen Gesetze

und das Selbstbestimmungsrecht eines jeden Wesens im Universum gedroht werden. Immer wieder muss er aufgefordert werden, die Implantate zu entfernen.

Er weiß das alles, doch er ignoriert es. Erst der Engel des Lichts ändert alles. Angedroht wird die völlige Vernichtung der Anunnaki, doch lässt ihn das zuerst kalt. Die Energie des Engels des Lichts ändert es dann. Der Anunnaki Führer löst nun alles und verzieht sich.

Für die Klientin ist dieser Gesamtprozess wahnsinnig schmerzhaft, immer wieder unterstützen geistige Helfer. Jedes einzelne Implantat, jede energetische Verbindung spürt sie intensiv und jede dieser Energien muss auf ebenso intensive Weise abgelöst werden.

Zum Schluss der Sitzung wird ihr ein Engel mit Namen Serafina vorgestellt. „Es ist dein Schutzengel". Beide haben wir diesen Namen noch nicht gehört. Doch lustigerweise entdecke ich ihn kurz danach in einem Kartenset...

Eine sehr glückliche und befreite Klientin verlässt mich!

Diese Sitzung dauerte insgesamt rund sechs Stunden. Das ist nicht die Regel, aber es kommt vor.

Möglicherweise werden Sie – lieber Leser, und ein Großteil der Menschen sagen: „Das kann doch nur reine Fiction sein, so etwas kann man sich nur einbilden, dass entstammt der Phantasie unserer Gehirnwindungen... Denken sie das ruhig. Ich dachte auch einmal so. Auch Eben Alexander, ein bekannter Hirnforscher dachte so, bis ihn selbst eine tragische Erkrankung und eine Nahtoderfahrung anderes lehrte. Ich will und muss niemanden überzeugen.

Meine Erfahrungen aus etlichen Begegnungen mit „Nicht – menschlichen" Wesen ist eine Bestätigung meiner Ahnungen, dass wir nicht die Einzigen im Universum sind. Aber so wie alles was unsere Seelen erleben, dient natürlich auch das Erleben eines Lebens auf irgendeinem anderen Planeten oder in irgendeinem Universum nur der eigenen Entwicklung. Und gehen Sie lieber Leser davon aus, dass auch Sie diese Erfahrung schon gemacht haben.

Es ist einfach nur das was es ist. Eine weitere Existenz, eine weitere Erfahrung. Und so sind die Erfahrungen dieser Klientin nichts anderes.

Doch haben all die Überbleibsel aus dieser Inkarnation noch Wirkungen im Hier und heute gehabt. Bei ihr hat sich danach sehr vieles verändert. Ihre langjährigen Beschwerden verschwanden.

Erkennt man die Zusammenhänge, versteht man, dass alles verbunden ist und aufeinander Einfluss hat, dann ist es endlich Zeit alles Alte loszulassen. Aber: „Du musst es wollen."

Fallbeispiel / Protokoll 7

Frau K sucht mich auf, weil sie keine Nähe zulassen kann. Viele Missstimmungen in der Familie, aber auch Schwierigkeiten im Umgang mit Sexualität erlebt sie. Auch Missbrauch im Jugendalter hat sie erlebt. Sie erlebt zuerst Situationen aus diesem Leben, so steigt sie zuerst in eine Kindheitssituation ein in der ihr der Bruder den Hals zuhält nachdem sie ihm Spielsachen weggenommen hat.
Schnell wird klar, dass sie viele der heutigen Beschwerden wie das Eingeschnürtsein, den Schmerz am Hals, die Enge, sowie das Gefühl der Ohnmacht auch im Heute immer wieder erlebt und nahezu identisch zu fühlen sind.
In die nächste Situation kann sie nur gehen, als sie einen Helfer an die Seite nimmt. Er hilft ihr in eine Situation zu gehen, in der sie sich spontan auf dem Scheiterhaufen erlebt. Die nächste Situation zeigt sie als Heilerin mit einer Vielzahl an Menschen die ihr diese Fähigkeit neiden. Sie erlebt Glaubenssätze die ausdrücken, dass sie es nicht wert ist, dass sie nicht gut genug ist, dass sie es sein lassen soll, dass sie sich klein machen soll, und so weiter.
Viele Menschen, auch Seelen die sie sofort erkennt und die im Heute wieder mit ihr gemeinsam inkarniert sind, schleifen Sie auf das Feuer. Sie betrachtet alles aus der Außensicht, den Hass, die Schadenfreude, die Häme der Menschen. Sie selbst spürt eindeutig, dass sie das Vertrauen in die Menschen abgibt, die Liebe zu ihnen, die Fähigkeit, Nähe zuzulassen und vieles mehr.
Nachdem die Seele den Körper verlassen hat begibt sie sich auf die Zwischenebene. Ein Wesen, dass über die Akasha Chronik wacht, gibt ihr viele Seelenanteile zurück die sie in den schweren Situationen des Lebens abgegeben, verloren hatte. Vor allem fließen nun Energien der

Liebe, des Vertrauens, etc. zu ihr zurück.
Wir arbeiten mit ihrem Inneren Kind. Es ist glücklich und bittet die Klientin darum, Nähe zuzulassen. Als sich nun beide umarmen, wird es sehr emotional. Die Klientin weint vor Rührung.

Auch Karma kann in der Akasha Chronik aufgelöst werden. In ihrem Falle wurde Karma ausgelöst, weil sie nicht die innere Stärke entwickelt hat, die möglich gewesen wäre. Sie hatte sich zurückgezogen und den anderen kampflos das Feld überlassen. Sie hatte sich deshalb vorgenommen 10 weitere Leben mit gleichen Themen und Voraussetzungen zu leben. Aktuell ist sie im 4. dieser Leben. Der Hüter hält das Karma für grundsätzlich überflüssig und löst es auf. Seelenverträge gibt es keine.
Einige weitere Dinge bearbeiten wir noch und bringen sie in die Transformation.
Diese Klientin hatte ja einiges an Erfahrung. Sie ist jedoch sehr beeindruckt über das was geschehen ist und vor allem darüber, dass sie sich so befreit fühlt.

Fallbeispiel / Protokoll 8

Eine sehr spirituelle Klientin kommt mit einer konkreten Aufgabenliste. Ihr Hauptthema ist, in die innere Kraft zu kommen und ihre Weiblichkeit leben zu können.
Sie hat in einigen Jahren intensiver Energie- und Bewusstseinsarbeit „große Vorarbeit" geleistet. So kommt es heute zu sehr intensiven und auch interessanten Begegnungen und „Arbeiten".
So begegnet sie in einem lichtvollen Raum in einem riesigen Energiebrunnen vielen verstorbenen Seelen wie: Großvater, Vater, ihrem verstorbenen Mann, ihrer Oma und vielen anderen. Alle nehmen Platz um sich mit ihr auszutauschen.
Sie teilen mit, dass sie alle ihre Hilfe und Unterstützung zur Verfügung stellen. Ihr Vater und der Großvater haben viele Energien bei ihr gelassen. Eigentlich wollten sie die Verwandte damit unterstützen. Doch wie so oft nimmt auch diese Klientin die Fremd-Energien als Störenergien wahr. Es ist halt nicht die eigene Energie, fremde Energien hemmen den eigenen Energiefluss. Oft ahnen die Helfer dies nicht.

Diese Seelen sind jetzt bereit die Fremdenergien zu sich, bzw. ins Licht zu nehmen. Die Klientin spürt sofort, wie ein intensiver Fluss von Energien aus ihrem Energiefeld nach außen strömt und ihre Aura, ihren Lichtkörper verlässt.

Ihr Energiefeld (vor allem der Bauch) fühlen sich befreit und „super" an. Nun wird sie auf ihren Hals aufmerksam, er wird eng und von außen zugedrückt. Ein begleitendes Lichtwesen zeigt ihr eine Vielzahl an Verletzungen, Strangulierungen, Schnitte in den Kehlkopf, Enthauptungen, Erdrosselungen, und vieles mehr aus etlichen Inkarnationen. Immer wieder war der Hals, das Hals-Chakra der Ort der Auseinandersetzungen. Sie spürt auf intensive Weise, was mit all diesen Verletzungen in den jeweiligen Leben passierte. Sie benennt Dinge wie Knebelung, Redeverbot, Gefühle unterdrücken, Kampf um Freiheit und Klarheit. Immer wieder wird ihr das Wort verboten.
Deutlich wird, dass vor allem in Inkarnationen als Frau diese Themen eine Rolle spielten. Die weiblichen Energie, die Innere Frau, berichtet von schweren Verletzungen der Weiblichkeit, immer den Mund zu halten, nie das tun was sie will, das Fernhalten vom Spirituellem und von der Entwicklung, das Verbot des Ausdrucks in Wort und Kunst und vieles mehr bis hin zu körperlichem und geistigem Missbrauch.
Der Innere Mann zeigt ein stattliches Auftreten, ist groß, hat wunderschöne und weiche Augen, doch zeigt auch er erhebliche Verletzungen. Zurückweisung, Ohnmacht, Traurigkeit sind Beispiele dafür.
Das Innere Kind hingegen ist froh, glücklich und kaum noch eingeschränkt. Es geht sofort zur Klientin auf den Arm und schmiegt sich an sie.
Die Verbindung all dieser Energien, die so genannte kosmische Hochzeit wird sehr intensiv empfunden, alle Anteile werden in ihrer Aura integriert.
Vieles weitere geschieht noch in dieser Sitzung, doch interessant ist noch folgender Austausch zwischen der Klientin und ihrem begleitenden Engel. Er teilt ihr und den Menschen unter anderem folgendes mit:

- ✳ „Schmerz ist ein wichtiger Prozess. Ein Hinweis für vieles. Nehmt nicht zu viele Sachen, Medikamente, denn Schmerz ist ein Instrument sich zu entdecken und zu verstehen
- ✳ da hilft kein Mittelchen…
- ✳ Ihr lernt dadurch zu begreifen und zu verstehen
- ✳ Versucht nicht immer alles über den Verstand…
- ✳ Dazu gehört der Körper. Ihr kennt ihn nicht. Lernt endlich eure Körper kennen. Mit dem Schmerz könnt ihr das. Das Zusammenspiel zwischen Körper Geist und Seele ist hier wichtig zu betrachten
- ✳ Der Körper hilft euch, auch eure Bedürfnisse zu verstehen
- ✳ Ihr seid auch krank oder habt Schmerzen, wenn ihr ja sagt, aber nein meint
- ✳ Auch hinderlich ist euer Pflichtbewusstsein, es macht krank, es ist ein falsches Umsorgen, nicht aus Liebe und aus Mitgefühl
- ✳ Auch die Angst den anderen zu verlieren spielt in eurem Leben eine Rolle
- ✳ Lernt eure Entscheidungen über euer Gefühl zu treffen. Spürt in euch hinein und euer Gefühl sagt euch was zu tun ist
- ✳ Das Verlangen nach Süßem oder ähnliches ist oft eher eine Verstandessache. Es ist nicht immer schlecht es dennoch zu tun. Wenn man genießt ist es OK. Macht euch kein schlechtes Gewissen"
- ✳ Ihre Krafttiere (Delfin und Wal) beteiligen sich am Austausch, vor allem wo es um die Natur geht. Der Mensch soll endlich lernen sich um Natur, Tier und allem was ist, zu kümmern.
- ✳ „Wale und Delfine sind höchst spirituelle Tiere, sie sind weiterentwickelt als der Mensch. Sie sind aktiv beim Bewusstseinswandel beteiligt, ebenso wie große Säuger wie Elefanten und Giraffen, auch Bären und Wölfe
- ✳ Fleisch essen ist nicht grundsätzlich schlecht. Nach und nach wird es sich verändern. Wer sich bewusst ernährt wird langsam vom Fleisch weg kommen"
- ✳ Wir sollen die Herzen für die Erde öffnen
- ✳ Das Manifestieren wird mit der Integration der Inneren Anteile, der Elemente, des Ego immer leichter werden
- ✳ Auch in die Leichtigkeit wird der Mensch immer besser kommen

Wow, das war eine interessante und intensive Erfahrung. Die Klientin ist überwältigt. Sie hat ein Energiefeld für das es kaum einen Begriff gibt. Heute ist alles „rund".

Fallbeispiel / Protokoll 9

Eine junge Mutter, erfahren durch Bücher, Familienaufstellung und Bewusstseinsarbeit möchte entdecken warum sie in der Erziehung mit einem ihrer Kinder immer an ihre Grenzen gerät.

So schnell stieg noch niemand in eine Sitzung ein. Nach zwei Minuten in der Entspannungsübung, nehme ich schon Energien und ein Lächeln meiner Klientin wahr.

„Ich sehe meine Oma" sagt sie…

Ihre Großmutter „berührt" sie. Sie ist voller Freude, die jedoch sehr schnell in tiefste Traurigkeit (ihr eigentliches heutiges Thema) wechselt. Sie weint, die Tränen laufen, ich spüre ihre tiefe Traurigkeit im Herzen… Ich bitte jetzt die Großmutter sie in ein zentrales Thema, einen Moment zu führen, wo diese Dinge entstanden sind und schon sind wir mitten in der Schwangerschaft.

Tiefste Traurigkeit, Drama, Schwermut erlebt sie. Sie hat das Gefühl, dass sie all das von ihrer Mutter übernehmen muss. Ich lasse es sie durchleben und bitte ihren geistigen Begleiter sie in eine Ursprungssituation zu führen.

Sofort findet sie sich in einem mittelalterlichen Leben. Sie sieht sich in einem Moseskörbchen als Baby abgelegt. Sie war aus einer Verbindung entstanden die der Vater der Mutter als Schande bezeichnete und nicht gestatten konnte. Er verbot ihr das Kind zu behalten. Zuvor erlebte die Klientin eine überaus frohe und glückliche Zeugung (Heuschober), glückliche Eltern. Auch die Geburt mit der Mutter und einer wundervollen Hebamme werden ebenso positiv erlebt. Die Hebamme vermittelt das Kind letztlich an wohlhabende Eltern, die dem Kind ein gutes Zuhause schenken. Doch fühlt sie immer, dass ihre Mutter ihr sehr fehlt, sie ist immer wieder traurig und schwermütig – wie im Heute.

In der Sterbeminute sieht sie, dass das Leben noch viele wunderschöne Momente mit Familie und Kindern brachte. Etliche Glaubenssätze drücken das Verlassensein, das nicht wert sein, das abgeschoben werden, usw. deutlich aus.

Einige geistige Helfer unterstützen Sie in der Zwischenebene all diese Glaubenssätze loszulassen und zu transformieren.

Viele Seelenanteile, vor allem des Wertgeschätzt-Seins, der Freude und Liebe und viele mehr erhält sie zurück.

Ein Familienkarma, ebenfalls mit der Energie des Verstoßen- und Ausgegrenzt Werdens wird für sie selbst und die Tochter gelöst. Für die Mutter geht das nicht, sie muss dies selbst erledigen.

Eine Trennung von den Energien der Großmutter die als Besetzung bei ihr ist, kann nach einiger Überzeugungsarbeit erfolgen.

Der auftauchende Großvater hat Themen mit einer Frau zu lösen. Viel ist mit ihr zu lösen und zu klären, doch ist dies auf der Zwischenebene nicht möglich. Sie müssen diese Themen in einer neuen Inkarnation lösen. Sie werden beide noch im Leben der Klientin auftauchen.

Der Klientin wird dies als Beispiel genannt. Manches lässt sich nicht jetzt, sofort oder gar auf der Zwischenebene lösen, man muss oft den Weg der Inkarnation gehen.

So kommen auch viele Menschen nur in unser Leben, damit wir endlich unsere Themen mit ihnen klären.

Sie erhält nicht nur ihre Seelenanteile zurück, sondern auch einige positive Glaubenssätze/ Affirmationen wie: „ich bin wertvoll…"

Da ich dann und wann von dieser Klientin höre, weiß ich, dass sie sich über die Jahre immer weiter entwickelt hat…

Fallbeispiel / Protokoll 10

Diese Klientin leidet von Haus aus unter diversen körperlichen Schmerzsyndromen, Verlustängsten, Angst vor dem Alleingelassen werden und abgestoßen werden, in Krankheit immer alleine sein, nicht wert sein…

Sie sieht sich als Krieger auf einem Pferd in einem Dorf dass sie mit anderen Kriegern anzündet. Hitze, Feuer und Flammen beeindrucken sie sehr. Es ist brütend heiß!

Die Klientin erlebt, wie von den Horden (Hunnen) Menschen getötet, Frauen missbraucht werden und viel Unheil angerichtet wird. Der

Krieger wird von einem Speer getroffen und schwer verletzt. Intensivste Schmerzen plagen jetzt Krieger und Klientin. Die Schmerzen sind so stark, dass sie aufstehen muss und die Sitzung auf einem Stuhl fortsetzt (ein Novum). Erst auf der Zwischenebene verändert sich alles. Als Helfer taucht Maria auf, sie will den Krieger heilen, aufnehmen und umsorgen, doch will er das nicht. Er verachtet Frauen, „auch wenn sie als geistiges Wesen daher kommen".

Nun wird der Krieger von dunklen Energien eingefangen. Er lehnt alles Lichtvolle ab und baut eine Masse an dunklen Energien auf, Heilung ist so nicht möglich. Die Energien üben massiven Druck auf Rücken, Herz, Halswirbel und Schultern aus. Es ist, als säße jemand schweres auf den Schultern.

Ich lasse sie nun zum karmischen Rat ziehen, eine Instanz die sozusagen das Gelebte mit der Seele betrachten und der Seele helfen es einzuschätzen, wir würden sagen: „es zu bewerten". Doch bewertet man auf der geistigen Ebene nicht...

Christus und der karmische Rat lösen nun die Energien, nachdem die Klientin diese Absicht deutlich ausgesprochen hat!

Ein ausgelöstes Karma wird aufgelöst, Leben die sie als Ausgleich für „Unrecht" gewählt hatte, werden erlassen. Viele der damals massakrierten Seelen sind heute im näheren Umfeld. Die Seele wollte es wieder gut machen. Vergebung zu allen ist möglich, so kann sich im Heute vieles verändern.

Der karmische Rat drückt sehr deutlich aus, dass es keine Schuld auf der geistigen Ebene gibt. Schuldgefühle sind menschgemacht. „Ihr schafft diese Schuld, Energie und legt sie euch als Karma sozusagen auf die Schultern".

Die Klientin fragt ohne dass ich etwas davon gesagt habe nach der violetten Flamme und erlebt dort intensive Befreiung vieler Lasten...

Fallbeispiel / Protokoll 11

Die Klientin hat kurz das Gefühl, dass nichts passiert, doch dann geht's los mit körperlichen Reaktionen, sie steigt ein in starke Energien, Wärme an Oberkörper, Hals und so weiter.

Eine Schwere liegt ihr auf der Brust, das Atmen fällt ihr schwer, innere Unruhe kommen hinzu, sie zittert am gesamten Körper. Sie erlebt wie es einen heftigen Streit zwischen der Mutter und dem Vater gibt, sie ist etwa 4 Jahre alt. Sehr intensiv Angst ist spürbar, „sie hat Besitz von mir ergriffen".

Heute kennt sie diese Reaktionen nur zu gut, sie erlebt es in allen unbekannten neuen Situationen, sowie bei Konflikten und bei Streit.

Nun beginnen Ohrenprobleme, Taubheit auf der rechten Kopfseite wie beim Hörsturz, den sie vor Jahren schon mal hatte.

Sie steigt ein in die Geburt, der Kopf ist taub, es dröhnt und schnell ist klar: „ich will nicht in dieses Leben"!

Sie macht sich klein und zieht sich zurück, zieht den Kopf ein, sie verkrampft an Körper, Armen und Schultern und vor allem am Nacken. Sie muss weinen, unterdrückt das Weinen jedoch und spürt einen Klos im Hals der den Hals zumacht. – Alles Dinge, die sie im Hier und Heute nur zu gut kennt!

Im Mutterleib weiß sie in den verschiedenen Phasen der Schwangerschaft, dass sie sowieso niemand will. Dieses Gefühl ist an Kopf, Hals und Nase zu spüren.

Doch gibt es anfangs in der Schwangerschaft auch ein Gefühl der Leichtigkeit, sie fühlt sich unbeschwert. Sie erlebt genau den Moment in dem die Mutter ausdrückt: „Hoffentlich bin ich nicht schwanger!" Sie fühlt sich zu jung, zu unerfahren, es ist zu früh.

Zum Zeitpunkt an dem die Mutter weiß, dass sie schwanger ist, beginnt die Schwere. Sie erlebt die Mutter panisch, voller Angst, eine Panik und Unruhe im Kopf die sich sofort auf sie überträgt. Sie spürt Kopfschmerzen, Verkrampfung in Nacken und Schulter. Die Mutter denkt: „ Nein, das darf nicht wahr sein."

Bei dem Kind ist nun Gleichgültigkeit und Leere – vor allem im Kopf – zu spüren.

„Lasst mich doch alle mal in Ruhe…"

Die Mutter sagt: „ich will das nicht, ich will es nicht wahr haben".

Sie spürt jetzt, dass sich etwas auf die Brust legt, ein großer Druck ist spürbar. Beide, Mutter und Kind haben Angst „vor allem". Das Atmen fällt schwer.

„Ich kann doch das alles nicht, ich bin doch noch zu jung!"

Nun geht's wieder in die Geburt: „da bleib ich doch lieber wo ich bin!" Verkrampfung, zurückstemmen, zittern, Angst vor dem was kommt, schwallartig kommen diese Emotionen und Reaktionen wieder und sind intensiv.

„Wie soll das alles nur weitergehen" sagt die Mutter, - „das alles ist nur Mist" kommt vom Kind.

Doch nun kommt ein Begleiter ins Spiel der bis dahin nur spürbar war. Eine wabernde Energie die direkt als Schutzengel wahrgenommen wird, sagt: „das schaffen wir gemeinsam" und sofort sind alle Symptome wie weggeblasen!

Eine intensive Rührung und Freude ist zu spüren, der Klientin fließen die Tränen die Wange herunter.

Der Begleiter teilt mit, dass es Lebensinhalte gibt, die Leichtigkeit und Lebensfreude bringen, Sport bringt Lebensfreude und Glückgefühle. Er nimmt sie in diesem Moment an den Händen und teilt mit, dass er in diesen Momenten immer bei ihr ist. Sie ist erleichtert und wiederholt: „Lukas ist immer bei mir!"

Ich bitte Lukas, den Schutzengel, nun das Innere Kind zu rufen, später auch die Innere Frau und den Inneren Mann.

Das Innere Kind erscheint in einem hellen Gewand, blond und scheinbar glücklich. Dennoch teilt es mit, dass es sich nicht geliebt fühlt, es fehlten Zuneigung, Wärme, das in den Arm nehmen, ihr Herz tut ihr weh. Die Klientin selbst könnte es ändern, indem sie das Innere Kind in den Arm nimmt. Als sie dies wie selbstverständlich tut, löst sich der Schmerz. Das Innere Kind ist fröhlich und glücklich.

Die Innere Frau behauptet glücklich und zufrieden zu sein, sie lacht, es geht ihr ganz gut. Verletzungen hat sie keine.

Der Innere Mann ist ein kleiner unscheinbarer Junge, hatte nie Beachtung und fühlt sich nicht angenommen. Weder Klientin, noch die Innere Frau haben ihn je beachtet. Er wird jetzt von allen in den Arm genommen, es geht ihm langsam besser. Die kosmische Hochzeit wird von allen gewünscht, alle nehmen sich in den Arm, die Inneren Anteile verschmelzen und fließen in das Herzchakra der Klientin.

Die Elemente werden anschließend mit Hilfe von Lukas und ihrem Krafttier, dem Hund ausgeglichen.

Das Thema Liebe geben und Verzeihen, auch für Dinge aus früheren Leben ist von zentraler Bedeutung. Der Vater mit all' seinen Eigenarten soll einfach nur angenommen werden. Ein Lernthema ist Liebe und Vergebung üben. Die Angst vor dem Alleine sein soll gelöst werden. Die oft erlebten Depressionen können durch das bewusste Vereinigen

mit dem Helfer gelöst werden. Die Ablehnung gegen die Welt löst Allergien wie beispielsweise ihre Pollenallergie aus.
Eine überaus heilsame Sitzung.

Fallbeispiel / Protokoll 12

Die Klientin hat eine neue Beziehung, ein gesundes Kind und ein behindertes Kind. Sie erlebt oft Aggression, Ekel, Wut und vieles mehr. Dabei ist sie sehr unfroh über ihr eigenes Empfinden, sie sucht nach Ursachen… Nach schwerfälligem Einstieg in die Sitzung sieht sie 12 Türen mit zum Teil sehr heftigen Reaktionen der Angst, Traurigkeit, Dunkelheit, Licht, Energie, etc.
Nach mehreren kurzen Sequenzen mit Bildern und Emotionen steigt sie in eine Situation ein in der sie vor einem lichterloh brennenden Haus steht.
Einige Monate in der Zeit zurückgegangen erlebt sie ein glückliches Dasein als Mutter mit einem Kind, dass sie über alles liebt, sie ist zutiefst erfüllt und als Klientin gerührt von diesem Glück. Doch dann erlebt sie die Vernichtung, eine Vernichtung, die ihr alle Liebe, alle Lebensinhalte, alles Glück raubt, das Haus brennt, sie kann das Kind nicht retten. In diesem Erleben läuft sie in das Haus und stirbt mit dem Kind.
Nun beginnt auf geistiger Ebene ein langer Austausch mit ihrem Schutzengel, der Seele des Kindes und Christus:

- ✳ Sie hatte sich eingebildet schuld an diesem Drama zu sein
- ✳ Doch ihre Seele und alle Helfer zeigen, dass dies nicht so ist
- ✳ Gemeinsame Aufgaben, Absprachen und Lebensthemen haben zum Brand geführt
- ✳ Loslassen, Liebe, Erfüllung und das Erkennen, das es keine Schuld gibt, und vieles mehr waren Lebensaufgaben
- ✳ Hilfe durch Begleiter wie Engel, Mitmenschen, etc. wurde von ihr nicht angenommen

Nun dauert es lange, bis sie akzeptieren kann, dass sie keine Schuld trifft. Das Gefühl der Schuld hat eine sehr aktive Energie zwischen der

Seele des verstorbenen Kindes (heute ihr behindertes Kind) und ihr aufgebaut. Diese Energie ruft eine scheinbar unüberwindbare Distanz hervor. Nun kommt eine weitere Verwandte als Helferin hinzu und hilft beiden Seelen aufeinander zuzugehen. Alte Hürden und Barrieren können gelöst werden, die Distanz verringert sich und es kann Verzeihung geschehen. Viele Seelenanteile fließen zurück, viel Heilung findet statt.

Die Klientin verlässt mich zufrieden und froh, hat sie doch jetzt eine Erklärung für die bisher unüberwindbaren Distanzen.

Fallbeispiel / Protokoll 13

Eine Klientin die in bleibender Erinnerung ist. Sie hat ihre Depression nach hartem Kampf angenommen und arbeitet hart an sich. Das Licht am Ende des Tunnels wird immer größer und so bin ich überrascht über ihr Auftreten. Denn ihre Krankengeschichte ließ anderes erwarten. „Ich bin offen für alles was kommt und Thema ist nur das Erwachen", teilt sie mir mit als sie meine Praxis betritt.

So steigt sie in ein Leben ein, in dem sie in einem kleinen Bauernhaus mit sechzehn Jahren an der Spindel sitzt und tieftraurig ist. Sie ist unglücklich verliebt. Es stellt sich heraus, dass sie einem älteren Mann begegnet ist der sehr weise ist. Dieser zieht mittellos durch die Lande um den Menschen „die Wahrheit" zu bringen. Sie weiß sofort: „das ist meine zweite Hälfte". Sie schaut ihm in die Augen und sieht nur sich! Tiefste Liebe ist spürbar: „man ist einfach nur vollständig und EINS". Die Mutter verbietet das Zusammensein und zahlt (trotz Armut) diesem Mann eine Summe Geld, damit er geht. Das Drama des Verlustes, das Getrenntsein, das Ablösen eines Teils von ihr lösen tiefe Traurigkeit und Schmerz (Herz, etc.) aus. Sie macht sich Vorwürfe nicht genug gekämpft zu haben, es nicht wert zu sein, dass er da bleibt. Glaubenssätze entstehen diesbezüglich, Seelenanteile werden verloren, Karma wird ausgelöst, usw.

Heute gibt es viele Parallelen, Traurigkeit und Depressionen, Herzschmerz und Ausweglosigkeit, Unvollständig sein, all das hat sie auch damals intensiv gespürt. Und – vor einigen Monaten ist sie diesem Seelenpartner wieder begegnet.

Doch nun ist sie erwacht und weiß, dass es zum großen Spiel dazu gehört. Sie hat ihren Platz im Hier und Heute für den jetzigen Lebensabschnitt, und dieser Platz ist bei ihrem Partner und den Kindern. Aber es ist auch klar, dass das Leben alle Überraschungen bringen kann. Alles entwickelt sich und solange diese Entwicklungen so wie Heute stattfinden passt es, ansonsten verändert sich alles. Vom Seelenpartner ist sie weit entfernt, da der energetische Abstand groß ist.

Verschiedene Geistwesen unterstützen die Klienten, unter anderem Aengus (Helfer bei der bedingungslosen Liebe, bei Zusammentreffen mit Dual-/ Zwillingsseele...). Dieser teilt ihr unter anderem mit, dass sie mit dieser Seele alle Leben (über 700) gemeinsam geführt hat.

Ihr Hüter der Akasha Chronik löst vieles wie die karmischen Ausgleichsleben, Verträge und vieles mehr auf. Er will dazu jedoch von der Klientin die Zusicherung, dass sie wirklich zum Aufbruch bereit ist! Eine sehr intensive und Mut machende Sitzung für die Klientin. Da ich immer mal wieder von ihr höre, weiß ich, dass sie weiter intensiv an sich arbeitet und einen sehr lichtvollen Weg beschreitet. Sie nimmt ihr Leben in die Hand, gibt Verantwortung an die Familie zurück. Sie hat einen neuen Beruf erlernt und ist einfach nur „Klasse".

Fallbeispiel / Protokoll 14

Diese Klientin weiß, dass sie ihrer Dualseele begegnet ist, ihr Thema heute...

Sie steigt direkt zu Beginn ihrer Reise in einen Austausch mit Christus und Aengus an ihrem Kraftort, einem Lagerfeuer ein.

Aengus bestätigt ihr, dass es sich um ihre Zwillingsseele handelt und dass eine Energietrennung von dieser Seele nicht möglich ist. Sie schaut sich gemeinsame Leben mit dem Seelenpartner an. Auch in diesen ging es natürlich in erster Linie um das Lernen.

Außerdem schaut sie sich ein gemeinsames Leben mit ihrem Ex-Mann an. Ein gravierendes Ereignis zeigt die Erklärung für die Intensität vieler Erfahrungen der Gegenwart. Sie sieht sich mit ihrem Mann in einem einfachen Pferdewagen nach Hause zurückkehren. Traute Familie in Harmonie mit zwei kleinen Kindern. Doch die Klientin ahnt das Unheil. Sie sieht in der nächsten Szene dass sie mit ihrem Mann das absolute Drama erlebt. Sie steht vor dem brennenden Haus, nichts ist mehr zu retten, die Kinder sind tot.

Beide machen sich Vorwürfe schuldig zu sein an dem Unglück, obwohl beide wissen, dass niemand Schuld trägt. In ihrem großen Leid kapselt sich jeder ab, sie erkalten und vereinsamen. Das Leid lässt sie früh sterben.

Und so, noch leidend, kommt sie, die Klientin auf der Zwischenebene an. Alle Helfer, Engel, Christus, Aengus teilen ihr mit, dass sie nichts tun konnten, es war alles so vereinbart. Alle wollten lernen mit Verlust umzugehen und dennoch zusammenzustehen. Der Verlust ihres Sohnes damals führt auch im Heute zu einer ähnlichen Verlustangst um ihren Sohn, die Seele des damals umgekommenen Sohnes. Mit ihrem Mann verbindet sie auch im Heute ein unerklärbares Schuldgefühl – „ich habe nicht aufgepasst". Beide verzeihen nun einander, die Klientin erhält viele im Drama verlorene Seelenanteile zurück, Karma wird gelöst und im Tempel der Heilung wird sie „aufgepäppelt".

Auch diese Klientin meldet sich später und teilt mit, wie sehr sich ihr Leben verändert hat, die Schuldgefühle haben ihre Intensität verloren.

Fallbeispiel / Protokoll 15

Der Klient macht einen total forschen Eindruck. Ich würde ihn auf den ersten Blick nicht als besonders spirituell einschätzen. Er beschreibt sein Thema mit: „Entwicklung"

Nun gut, mal sehen was kommt…

So einen schnellen und tiefen Entspannungszustand habe ich bis dato bei keinem männlichen „Greenhorn" erlebt.

Er steigt über einen Eingangsraum in ein burgähnliches Gebäude ein. 2 von 20 hier erkennbaren Türen sind heute relevant. Die Themen dazu sind: „Schwere und Leichtigkeit".

Und ehe er sich umsieht, taucht er in eine Situation des Kampfes ein. Ein schier übermächtiger, schwer bewaffneter Kämpfer (Schild, Speer), steht ihm gegenüber, während er sich unbewaffnet wahrnimmt. „Ich habe aber starke Hände und eine starke Statur."

Er spürt vor dem Kampf eine sehr intensive Schwere, Unterdrückung, Macht / Ohnmacht, Angst… Er kennt diese Emotionen aus dem Zusammentreffen mit seiner Mutter im Heute.

Im Kampf weiß er, dass er sich nur entscheiden muss und dann wird er gewinnen. So ist es, er spürt eine unbändige Kraft, einen starken Willen, absolute Leichtigkeit und keine Angst mehr! So besiegt er den Kämpfer und hat ihn in seiner Macht. Sogar töten könnte er ihn, doch er lässt ihn leben. Die grölende Menge will einen Toten, doch er lässt ihn leben.

Nun steigt er in eine neue Situation, eine wunderschöne Wiese mit dem höheren Selbst seiner heutigen Partnerin und vielen Wesenheiten ein, unter anderem sein Schutzengel. Er erlebt eine unglaubliche Glückseligkeit, Leichtigkeit, Ruhe und Frieden.
„Das ist es was du hast, was du brauchst und wonach du streben sollst", teilt sein Schutzengel dem verdutzten Klienten mit.
Er weiß, dass er im jetzigen Leben alles hat was er braucht, liebe Menschen, eine wundervolle Partnerin, Leichtigkeit, Erkenntnisse und alles woraus sich Gutes entwickeln wird.
Nach der Sitzung sitzt ein kraftvoller, energiegeladener Mann vor mir. Er reibt sich die Augen und weiß, dass er etwas erlebt hat, was sein Leben verändern wird. Obwohl er sehr offen für vieles ist, hatte er mit solch klaren Beweisen für die vielen spannenden Dinge zwischen Himmel und Erde nicht gerechnet.
Ein absolut überwältigter Klient verlässt glücklich meine Praxis.

Fallbeispiel / Protokoll 16

Mein heutiger Klient, Herr K ist etwa 35 Jahre, hatte bisher wenig spirituelle Kontakte. Seine Themen sind Ängste, Beziehungsprobleme aufgrund von Bindungsängsten, nicht zulassen können, sich nicht verändern wollen (Angst davor)…
Er erlebt in einem Haus etliche Türen mit sehr unterschiedlichen Themen wie Angst, Fremde, Traurigkeit… Zum Teil sind die Themen intensiv spürbar. Zwischenzeitlich taucht seine Großmutter auf und bietet ihre Unterstützung an. Sie betrachtet alles und hilft beim Einstieg. So begleitet sie ihn auf eine andere Etage wo er eine Spieluhr entdeckt. Nachdem der Klient berichtet hatte, dass er in einer früheren Erfahrung immer wieder ein kleines Kind schreien hörte, lasse ich die Großmutter sein Inneres Kind rufen.
Dieses erscheint sofort und scheint auf den ersten Blick sehr froh und glücklich. Es fordert ein, dass er es in seine Arme schließt.

Es fühlt sich vernachlässigt, ist traurig und zieht sich immer wieder in eine Ecke seines Raumes zurück. Es würde gerne mehr beachtet, vor allem durch Mutter, Großmutter, u.a. In erster Linie möchte es aber, dass der Klient sich gibt wie er ist, das tut was er will, sich ausdrückt. Er spürt durch das Kind eine unglaubliche Wärme und Kraft.

Die Integration des Inneren Kindes ist für den Klienten ein besonderes Erlebnis, gefühlvoll und intensiv.

Nun begleitet ihn die Großmutter in die erste Türe mit dem Thema Angst! Er befindet sich in einem Raum mit einer Glaskugel in der Bilder erscheinen. Er taucht in diese Bilder ein und befindet sich in einer Existenz als Felsen in der Meeresbrandung. Er empfindet eine unglaublich starke und gleichzeitig ruhende und friedvolle Präsenz. Diese Existenz endet mit dem Abbrechen des Felsens durch die Kraft des Wassers. Während im ersten Moment die Trauer über die Vergänglichkeit besteht, (fühlt sich unnütze, unbrauchbar...), überwiegt plötzlich der Neubeginn als Bestandteil des Wassers. Viele Tiere siedeln sich auf dem Felsen an, es ist einfach schön einen neuen Sinn zu entdecken. Am Ende dieser Erfahrung steht fest, dass es für ihn nie ein Ende gibt, jedes Ende ist ein neuer Anfang, es geht immer weiter, nichts vergeht, es endet lediglich ein Weg. „Gehen heißt nicht leiden, sondern sich weiterentwickeln", sagt der Klient.

Dann geht es in eine weitere Erfahrung. In einem riesigen Wald erlebt er einen vernichtenden Brand. Er hört es knistern und knallen. Während er vorher einen tiefen Frieden und das EINS-SEIN gespürt hat, kommt jetzt eine zerstörerische Kraft zum Ausdruck. Alle Bäume spüren, dass jetzt die Zeit zu Ende geht.

Der Baum hat Angst vor dem Gehen und der damit verbundenen Vergänglichkeit seiner Stärke. Der Klient spürt diese Angst in seinem Bauch (ihm ein sehr bekanntes Gefühl). Er fühlt sich als Baum sehr alt und kann dem Wind kaum noch trotzen. Ein Gefühl von Trauer kommt auf, da er die Stärke verloren hat. Das anfangs wahrgenommene verheerende Feuer bringt ihn nun zu Fall. Dies macht ihm ein intensives Schwindelgefühl. Das Feuer hat eine unglaubliche Macht und fühlt sich heftig an. Der Baum spürt seine Vergänglichkeit und stürzt um. Der Klient spürt, dass er das als Baum kaum zulassen kann, er mag kein Vergehen und erzwungenes Loslassen.

Und dennoch erlebt er in der Verbindung mit der Erde, dass es wieder

einen neuen Anfang gibt, nichts vergeht. „Diese Wahrnehmung hat die Ausstrahlung des Ewigen Seins".
Der Schwindel, auch ein Zeichen der Instabilität ist ihm auch heute bekannt.

Zurück im Raum geht es in die nächste Erfahrung, er ist ein Vogel und fliegt in absoluter Freiheit über alles was ist. Es fühlt sich wunderbar an, er kennt keine Ängste, keine Sorgen – er ist vogelfrei.
Immer erlebt er das Thema Vergänglichkeit mit allen Ausprägungen und Wahrnehmungen wie Traurigkeit und Depression. Ich bitte den Engel des Wandels dazu...
Der Klient erlebt diesen als großen, starken Engel mit großen und machtvollen Flügeln. Dieser fasst ihm auf die Schultern und strahlt dabei eine große Wärme und Liebe aus. Er teilt ihm mit, dass man Vergänglichkeit erleben kann ohne Schmerzen zu erleben. Der Klient spürt dies und erlebt ein befreiendes Gefühl der Leichtigkeit. 273 Inkarnationen hat der Klient zum Thema Vergänglichkeit gelebt. In diesem Leben geht es um einen allgemeinen Wandel: „Altes geht, Neues kommt"...

„Alles was vergeht, entsteht wieder neu!", so das Schlusswort des Klienten.
Er ist zutiefst beeindruckt, denn mit solchen Erfahrungen hatte er niemals gerechnet. Doch sind diese Erfahrungen über jegliche Zweifel erhaben, zu tief waren die erlebten körperlichen und emotionalen Wahrnehmungen.

Fallbeispiel / Protokoll 17 (Herr K und seine 2.Sitzung)

Heute erlebt der Klient im Haus der Veränderung einen direkten Austausch mit dem Engel des Wandels (EDW). Dieser teilt mit, dass sich Zeit und Raum verändern, und doch verändert sich nichts, denn alles geht wieder woher es kam...
Thema des Klienten sei laut EDW, diese Dinge, die Illusionen aufzudecken und zu entschlüsseln. Bei diesem Thema (Illusion) ist es naheliegend, den Meister der Illusion, Merlin, zu rufen. Als kraftvolle, riesige Energie wird dieser wahrgenommen, als Galaxie mit spritzenden

Energieteilchen…

Letztlich ist der Klient überrascht. Er dachte so wie ich vor Jahren, dass diese Gestalt lediglich ein Fabelwesen sei. Dieses Wesen in Natura zu erleben, so klar, kraftvoll, damit hatte er nicht gerechnet. Nun erfährt er: „mit Merlin hatte ich einige Inkarnationen, sogar als Kind".

Er erfährt, dass er dabei viel gelernt hat, natürlich trägt er dieses Wissen in sich, so teilt Merlin es mit.

Merlin taucht mit ihm in eine andere Welt ein, er lernt dort Kraft, Liebe, Verständlichkeit, Intuition, Freude kennen. Er erlebt ein sehr hochfrequentes Dasein, eine sehr hohe Schwingung, vor allem am Kronenchakra spürt er diese. Er erlebt dies in vielen Farben, Gefühlen: „es ist wunderschön".

Er erlebt, wie er mit der Kraft der Gedanken die Dinge bereits geschaffen hat, dass die Manifestation bereits erfolgt ist, wenn der Gedanke entstand. „Der einzige Grund dass dies heute nicht so funktioniert sind unsere Selbstzweifel mit denen wir uns Blockaden setzen".

Dabei spielt natürlich das Ego eine große Rolle. Es muss in Harmonie und Liebe eingebunden werden, ansonsten zerstört es durch Zweifel diese Fähigkeiten.

Nun wird das Ego gebeten sich diese Tatsachen zu betrachten und erlebt die Liebe und Harmonie die der EDW und Christus ausstrahlen. Es verliert die Angst und Selbstzweifel und kann es zulassen sich mit der Göttlichkeit zu verbinden. Die dabei entstehende Energie fließt in den Klienten ein und füllt ihn mit Liebe, Glück, Freude und Leichtigkeit!

Nun rufe ich mit Einverständnis des Klienten, Christus und des EDW den Dämon der Täuschung… Als kraftvolle selbstgeschaffene Energie zeigt er ihm immer Grenzen auf und versteht diese als Schutz. „Du kannst das nicht"…

Der Klient kennt diese Energie, in der ersten Sitzung, aber auch im Drogengenuss hatte er ihn schon erlebt. Jetzt ist klar: „ich brauche ihn nicht mehr". Der Dämon wird transformiert und geht ins Licht. Der Klient soll lernen, dass er selbst wichtig ist!

Ich bin überrascht über den Hinweis, dass der Klient ausgeglichene männliche und weibliche Anteile hat, die in Symbiose miteinander leben.

Auch die Elemente werden nun bei ihm ausgeglichen, Feuer, Wasser,

Erde und Luft.

Er schaut zum Thema Beziehungen ein Leben an in dem er als Frau lebte. Sie wurde sehr umworben. Doch mag sie dies nicht, verliert dabei den Glauben und das Vertrauen an die Menschen, an die Gerechtigkeit und zieht sich zurück, Dieses Zurückziehen kennt der Klient heute nur zu gut. Der Rückzug wird von der Familie als mangelnder Gehorsam gedeutet – sie erlebt Ablehnung, Schmerz an dem sie letztlich stirbt.

Der Klient betrachtet dieses Leben mit Christus. Zusammengefasst teilt dieser ihm mit, dass er eigentlich alles weiß, er muss diszipliniert an sich arbeiten. Karma kann durch ihn selbst gelöst werden.

Sein Hüter teilt ihm mit, dass er schon weit fortgeschritten ist, dass er letztlich alles weiß. Er soll sich manche Dinge nicht so zu Herzen nehmen. „Menschen sind wie sie sind, sei einfach DU SELBST, liebe Dich... Du bist selbst verantwortlich - für alles!"

„Alles ist gemacht, die Grundlage und Basis ist da". Seine Begleiter entlassen ihn über den Tempel der Heilung in eine gute Zukunft.

Der Klient ist glücklich. In längeren Abständen meldet er sich, das Leben hat sich verändert. Er erlebt es viel bewusster. Er erlebt viele schöne Begegnungen, lernt interessante Menschen kennen. Ein neuer Weg hat sich für ihn aufgetan!!!

Fallbeispiel / Protokoll 18

„Eine sehr, sehr bewusste weite Seele..."

Huberts Themen sind die Begegnung mit der Dualseele, körperliche Beschwerden, und die Vergebung.

In einem Gasthaus erlebt er ein Paar und sich selbst. Der Mann verkauft dem Klienten seine Frau zurück. Diese hatte sich in seiner Abwesenheit auf einer Tanzveranstaltung vergnügt und war entführt worden. Der Klient erkennt viele Details, die Art der ungewöhnlichen Waffe des Entführers, die Einrichtung, Kleidung, er weiß dass das alles im Jahr 1719 stattfindet, u.v.m.

Nach der Lösegeldzahlung erlebt er mit seiner Frau ein durchweg glückliches Leben. Sie haben zwei Kinder und leben in einem einfachen Haus. Er ist als Hirte und Handwerker viel unterwegs. Sie ist Hausfrau und leidet zeitlebens unter ihrem Betrug – so empfindet sie diesen

Tanzabend- es ist ihre Schuld.

Er empfindet dies nicht so und lässt es sie auch nicht spüren. Am Ende des Lebens verabschiedet er sie ohne Schmerz und sieht sogar ihre Seele gehen. Er selbst geht Jahre später im Kreise der Enkel und Kinder in einem sehr bewussten Seins-Zustand ins Licht.

Auf der Zwischenebene erlebt er einen intensiven Austausch mit Helfern wie Gabriel, Raffael, Michael, Christus, seinem Opa und Aengus. Sie teilen beispielsweise mit, dass es keine Verträge gibt, kein Karma, alles ist bereinigt.

Er soll sich gegen den Kidnapper schützen- er ist heute der Mann seiner Dualseele. Er soll lernen zu vergeben, mit dem Herzen, mit allem!

Er wird mit seiner Dualseele zusammenkommen wenn die Zeit reif ist.

Er wird – auch im heilerischen Bereich noch viel tun. Die im Heute ihn plagenden Schulterbeschwerden, resultieren von einem Durchschuss durch die Waffe des ihm bekannten Kontrahenten. Seine schwere Allergie im Hier und Heute hat mit den Angriffen des Kontrahenten zu tun (schwarze Magie). Der Hüter gibt einige Hinweise. Der Tempel der Heilung wirkt stark transformierend.

Eine sehr intensive Sitzung und eine erfüllende Begegnung. Der Klient verlässt mich nach acht Stunden und ist tief beeindruckt.

Fallbeispiel / Protokoll 19

Susannes Themen haben viel mit Leid und Mitleid um Mensch und Tier zu tun.

Sie steigt im Haus der Vergänglichkeit ein. Ihr Hund taucht dort sofort auf und zeigt ihr auf einer wunderschönen Wiese wie gut es ihm nach seinem Sterben geht.

Nun erlebt sie in einer Sequenz wie sie ein Leben als Kuh lebt. Glücklich auf einer Wiese erlebt sie die Natur und ist im Einklang mit ihr und Mutter Erde. Doch plötzlich tritt panische Angst auf, sie schwitzt, zittert am ganzen Leib, hat Herzrasen und ist total verstört…

Sie sieht einen Mann auf sich zukommen, den Bauern. So rennt sie davon, sie weiß, dass Unheil droht. In Panik läuft sie vor dem schreienden Bauern davon, doch holt er sie ein und rammt ihr ein Messer in den Hals. Zuerst verspürt sie noch Angst, doch langsam weicht diese und wird ersetzt durch tiefstes Unverständnis: „warum tut er das, ich wollte leben…"

Es folgt ein langer und sehr heilsamer Austausch auf der Zwischenebene mit einem verstorbenen Verwandten, mit einem Engel und verschiedenen Tierseelen. Klar ist, dass Mensch und Tier diese Erfahrungen bewusst wählen. Dennoch, so wird ihr mitgeteilt, - und sie kann dies fühlen – ist das Töten von Tieren nicht eines bewussten Menschen würdig, das Quälen natürlich noch viel weniger.

Die Klientin wird aufgerufen sich einzusetzen für Tier und Natur, doch dabei darf sie nicht missionieren. „Wer hören will, dem erzählt man, wer sehen will, dem zeigt man". Sie soll mit gutem Beispiel vorangehen.

Es war auch für mich zutiefst beeindruckend wie detailliert die Kuh das Glück, das Unheil kommen sieht, die Panik erlebt, ihren Tod erlebt und auch das Gehen ins Licht beschreibt.

Fallbeispiel / Protokoll 20

Brigitte erlebt in der ersten Situation ihrer Sitzung einen dramatischen Unfall bei dem sie als Kind (im aktuellen Leben) durch einen betrunkenen Autofahrer ihr Bein verlor. Nun wird ihr die Situation anders gezeigt als sie damals war, der Autofahrer sitzt tot am Steuer, der verstorbene Vater (starb als sie noch sehr klein war) rettet sie. Nach der Sitzung stellt sich heraus, dass die geforderte Verzeihung für die schreckliche Tat nie erfolgt ist, der Autofahrer ist möglicherweise an Vorwürfen, Trauer und Schmerz verstorben.

Die nächste Situation zeigt ihr ein früheres Leben Anfang des 18. Jahrhunderts in dem Sie als Gutsherrin verliebt ist in einen Diener. Dieser erwidert die Liebe, doch missbraucht er ihr Vertrauen und bestiehlt sie. Er landet im Kerker wo sie ihn nach einiger Zeit selbst aus den Ketten befreit. Offensichtlich hat sie ihm verziehen und ihn freigekauft. Er hatte die Dinge gestohlen, weil seine Familie in Armut und Hunger lebte. Er war zu stolz um es seiner Herrin zu sagen. Gleichzeitig hat er eine Freundin unter den Dienerinnen.

Als es unter Diener und Herrin zur Beziehung kommt, muss die Dienerin gehen. Ebenso müssen immer wieder Menschen das Gut verlassen die der Herrin wiedersprechen, neidisch und gierig sind.

Nun erlebt sie, das eine der Dienerinnen sie verflucht hat: „du sollst nie wieder frei gehen und laufen können". Riesige unbewegliche

Klumpschuhe spürt sie nun an den Füßen. Die Widersacherin hat sie verhext. Auch die anderen die weggeschickt wurden, hinterlassen einiges an Negativenergien.

Sie lebt dennoch ein glückliches und frohes Leben mit dem Partner und ihrem Sohn. Die unglaubliche Nähe zu dem Mann, dem Diener beeindruckt sie: „er ist wie ein siamesischer Zwilling", ich komme nicht von ihm los, er weiß alles, er fühlt alles…

Das Sterben ist harmonisch, denn sie ist begleitet. Engel und verstorbener Vater und Mutter erklären alles. Glaubenssätze werden aufgelöst, der Fluch wird mit Hilfe von Merlin aufgelöst, Seelenverträge mit dem Diener und dem Bruder, sowie Karma wird aufgelöst…

Nun schauen wir uns die Akasha Chronik an: Es gab viele Leben mit dieser Seele, der Zwillingsseele (heute ein Bekannter). Er sollte ihr zum Thema Ehrlichkeit die Vergebung zeigen, auch dem Autofahrer im Heute soll sie verzeihen. Die verstorbenen Eltern erlebt sie ebenfalls auf sehr berührende Weise. Etwas schwierig ist es, zuzulassen dass die Zwillingsseele momentan vergeben ist, auch in diesem Leben hat er sie offensichtlich nicht aufrichtig behandelt.

Eine beeindruckende Sitzung. Eine begeisterte Klientin verlässt mich.

Fallbeispiel / Protokoll 21

Eva geht sehr zielgerichtet sofort ins Urlicht. Eine starke Spirale zieht sie in ein überaus helles Licht, in eine goldene Kugel deren Energie unglaublich ist…

„Der Mensch ist doch klein" sagt sie völlig überwältigt.

Sie genießt diese Energie, ist schwerelos und überglücklich.

Sie nimmt 3 Engel wahr, den Engel des Wandels, Gabriel und ihre Mentorin, die sie in diesem Leben als Wegbegleiterin unterstützt hat und die sie nach ihrem Tod immer noch begleitet. Diese teilt ihr mit, dass sie eine aufgestiegene Meisterin ist und inkarnierte um die Klientin zu unterstützen…

Der Engel des Wandels (EDW) teilt ihr mit, dass Sterben (am eigenen Leib, Helfer und Unterstützer) und Wandel ihre Themen sind: „Du weißt, was zu tun ist…"

Sie soll neue Formen der Begleitung entdecken, neues tun, sie hilft, dass Menschen in Frieden gehen können.

„Du brauchst keine Angst zu haben, ich habe schon so viele kommen und gehen sehen. Wir zwei haben bereits oft zusammen gewirkt, du bist ein Teil von mir (EDW)".

Je näher die Klientin ihm kommt, desto heller wird er, er strahlt...Später darf sie sich sogar lange an ihn kuscheln.

„Ich darf ich sein" sagt die Klientin... „die Menschen werden zu dir kommen... du begleitest sie", so der Engel. Sie soll bereit sein zu lernen. Die Jetztzeit ist die Zeit des Wandels – dazu ist sie da. Nun soll sie Ankommen und einfach nur SEIN. Der EDW macht das schon. Dabei lacht er immer ... Sie soll keine Angst haben, einfach nur SEIN.
Nachdem sie immer wieder ausdrückt wie schön diese Erfahrung für sie ist, pflichtet der EDW ihr bei: " Es ist schön, dass du jetzt da bist"
So streichelt er ihr zustimmend über den Kopf...
Sie ist beeindruckt über die Energie und Schönheit des Engels. Dieser ist traurig, dass viele Menschen ihm die Türe vor der Nase zuschlagen, sie haben vor ihm Angst, setzen sich nicht mit dem Thema Tod auseinander: „Es wird so immer schwerer für die Menschen friedvoll zu gehen".
Zwei weitere Engel zeigen sich – Aramis der ihr hilft Kraft in der Verzweiflung zu finden. Gabriel der ihr Klarheit und Zielstrebigkeit bringt – er hilft dass sie nicht vom Weg abkommt.
Nun schaut sie sich ihr Ego an – ES macht ihr das Leben und Lernen schwer, doch sagt sie: „ich schaffe das, trotz Ego-Kopf". Ihre Helfer lachen. Sie rufen sie auf, das Ego mitzunehmen – es gehört dazu, so darf sie es nicht ausklammern und abstoßen. Das Ego seinerseits hat Angst vor den Engeln- es kennt sie nicht und hat Angst, dass die Klientin es ganz vergisst. Sie möchte das Ego umarmen und teilt mit, dass sie es liebt und mitnehmen möchte. „Du bist ein Teil von mir".
Es kann die Umarmung annehmen. Das Ego kann nach reiflicher Überlegung die Energie des Engels des Wandels annehmen und sich mit dem EDW als ein Vertreter Gottes mit der Göttlichkeit verbinden. In einer kraftvollen Energie fließt es nun in die Klientin hinein.
Anschließend wird das Innere Kind geheilt, viele Verletzungen und Narben bestehen am Herzen. Streit der Eltern und offensichtlich fehlende Liebe haben zu diesen Verletzungen geführt.
Christus kommt als starker Helfer hinzu und heilt die Narben am

Herzen. Die Klientin hat tatsächlich im Bereich des Herzens eine alte OP Narbe die nun kribbelt. „Wow – er ist überwältigend" meint die Klientin. „Er fasst in den Brustkorb und heilt das Herz".

Nun geht's in den heiligen Raum des Herzens… „Es ist ein unglaublich heller Raum mit tollen Energien, Lichtexplosionen zeigen die Energiedichte". Sie steht mittendrin und staunt.
Sie weiß, dass sie nicht zum ersten Mal hier ist, immer wenn sie bewusst war, kam sie hierhin. Und sie weiß, dass sie hier die direkte Verbindung zu Gott hat, nichts kann sie trennen- hier kann sie ganz in ihn eintauchen- hier spürt sie, dass sie ein Teil von ihm ist.
Christus begleitet sie – lädt sie ein – hier immer einzutauchen.
Er geht weiter mit ihr und sie gelangen zu einem Spiegel: sie schaut hinein und sieht sich nur bis zum Hals, sieht sich aber wunderschön und strahlend. Nie hat sie sich so schön gesehen. „Wer hier ankommt, sieht sich vollendet, alles ist gut, REIN!"
Christus und der EDW fordern sie auf sich öfter an sie zu wenden…
Nun wird klar warum sie nur Kopf und Hals sieht – sie leidet an ihrer Urverletzung der Trennung. Kopf und der Rest (steht für die Seele) sind getrennt…
Der Geist hat oft die Überhand, die Seele schreit schon lange, endlich wahrgenommen zu werden.
Nun heilt Christus diese Trennung, lässt Energie hineinfließen. Sie ist wieder heil, ganz, EINS. Auch das ist überwältigend: „Das bin einfach ich." Sie sieht sich ganz, ist nackt und wirft sich in Christus Hände, kuschelt nun mit ihm.
Eine sehr überwältigende Erfahrung für die junge Klientin, sie ist wieder ganz, hat die Trennung überwunden. Fühlt sich gut. Sehr überraschende Erfahrungen für sie!

Celine hat Erfahrung mit Energiearbeit, Erinnerungen bis in die
Säuglingszeit, sie meditiert...
Ihre Themen sind: Missbrauch, Eltern, Traurigkeit, Einsamkeit, Angst vor
Gott und der Welt, Die Macht der Männer...
Ihr Einstieg erfolgt über eine Glaskugel in der Kindheit mit einem
wunderschönen Erlebnis, herzerfüllender Liebe in einem harmonischen
Familienleben.
Doch der Missbrauch an der Schwester im Kindesalter führt zum
Umschwung. Drama und Trauer führen zur Zerstörung der Idylle. Sie hat
das Gefühl schuldig zu sein, Scham und Einsamkeit begleiten dies.
Ein früheres Leben zeigt sie als zwei jährige wieder in einer schönen
idyllischen Situation mit ihrer Mutter. Der dazukommende Mann sorgt
für Gewalt, Missbrauch und tiefe Angst. Mutter und Tochter erleben die
Angst und das Drama gemeinsam. Ein feinstoffliches Wesen nimmt der
Kleinen die Angst und gibt ihr Kraft.
Im selben Leben erlebt sie als Erwachsene ebenfalls Missbrauch, Frauen
zählen nichts, sie haben nichts zu sagen, sie haben zu gehorchen und
sind Untertan. Sie leidet darunter, will endlich Anerkennung als Frau
haben...

Als alte Frau stirbt sie und spricht viele Glaubenssätze aus, sie will nie
wieder traurig sein, nie wieder Missbrauch erleben, Hilflosigkeit,
Unterdrückung erfahren.
Auf der Zwischenebene erlebt sie viele Wesen, Seelen und eine
männliche Gestalt. Sie „irrt" die ganze Zeit herum und „erinnert" sich
nicht.
Es wird ein langer Austausch:

- Christus als Helfer kommt hinzu, nimmt ihr Herz in die Hand und
  heilt es
- Ein Nagel kann aus dem Herzen entfernt werden, ein Ausdruck
  vieler schmerzhafter Verletzungen durch Männer
- Die Verletzungen durch die männlichen Energien können
  losgelassen werden
- Das Innere Kind kann durch Christus geheilt werden

- ⁂ Innere Frau und Innerer Mann erscheinen nur noch als geheilte Energien
- ⁂ Die kosmische Hochzeit kann jetzt mit Christus zusammen gefeiert werden
- ⁂ 126 Leben hat sie immer wieder als Frau geführt, immer in sehr unterschiedlichen Aspekten und Facetten. Es hat etwas mit ihrer Seelenbestimmung zu tun, Männlichkeit und Weiblichkeit in den Ausgleich zu führen
- ⁂ Alles hatte sie genau so gewählt
- ⁂ Immer hat sie um das Recht der Weiblichkeit gekämpft, Aufstehen! Recht für Freiheit, gegen Unterdrückung
- ⁂ Christus entfernt ihr eine Maske, die Maske von Scham und Schuld
- ⁂ Er nimmt sie in den Arm und lässt seine Liebe fließen
- ⁂ Das geheilte Herz wird wieder eingesetzt
- ⁂ Er lässt so viel Liebe fließen, er ist die Liebe. Und er geht sehr liebevoll mit ihr um…

Ich frage ob das Innere Kind viel gelitten hat. Es wird bejaht.
„Hat dein Ansprechpartner auch gelitten?"
„Ja", teilt dieser mit und zeigt der Klientin folgende Situation: Er geht einen Weg durch einen Ort. Viele Leute stehen da und schreien, beschimpfen ihn. Er ist ganz entstellt. Es wird immer steiler, er leidet. Dennoch schaut er so voller Liebe. Es wird immer steiniger, und er trägt etwas auf dem Rücken…
Er steht an einem Balken- noch immer traut sich die Klientin nicht zu sagen, wen sie vor sich hat.
Er sagt: „Ich liebe euch alle, du hast keine Schuld, du musst dich nicht schämen…"
Es geht zum Hüter: 580 Ausgleichsleben gibt es für Täterleben zu Männlichkeit und Weiblichkeit- über 300 sind offen. Das Karma kann gelöst werden, sie hat alles verstanden. Ein Seelenvertrag wird gelöst: „Ich will dem Männlichen immer Untertan sein, ihm immer dienen…"
Die Klientin sagt: „Seelenanteile fehlen nicht mehr, Christus (sie nennt ihn in diesem Moment Sananda) hat alles geheilt". Gut 6 Stunden haben sehr viel Heilung gebracht.
Eine erschöpfte und gleichzeitig glückliche Klientin verlässt mich.

Fallbeispiel / Protokoll 23

Die Themen dieser Klientin sind ihre Depression, ihre Körperfülle und der Mangel. Sie steigt in ein früheres Leben als Magd ein. Sie erlebt, dass sie von der Bäuerin über lange Zeit drangsaliert und schikaniert wird. Sie ist für alles schuldig, nichts macht sie richtig, ständig wird sie beschimpft und geplagt. Als ein Kalb bei der Geburt stirbt, soll sie auch dafür verantwortlich sein. Sie wird vom Hof geprügelt. Als es kalt wird, versteckt sie sich auf dem Hof und wird dabei von der Bäuerin entdeckt (in ihrem jetzigen Leben ist diese Seele ihre Mutter). Eine kurze Handgreiflichkeit führt zum Herunterfallen einer Lampe. Beim nachfolgenden Brand sperrt die Bäuerin sie im Stall ein. Sie verbrennt.
Auf der Zwischenebene entdeckt sie sie viele Glaubenssätze die alle mit Kleinmachen, Selbstliebe, Freiheit, und so weiter zu tun haben.
„Ich will nie wieder unterdrückt und eingesperrt werden", ist einer der ausdruckstarken Sätze. Diese werden in ihrer Akasha Chronik ebenso gelöst wie ein Fluch, den sie gegenüber der Bäuerin ausgelöst hatte („du sollst verrecken").
Ausdruckstark sind auch die Lebensaufgaben:

* Freiheit lernen
* Demut leben, etc.

Sehr deutlich ist, dass sie im Damals wie im Heute unter gleichen Bedingungen lebte. Im Heute hat die Mutter ihr über viele Jahre, auch während einer schwerwiegenden Erkrankung eines Familienmitglieds alles abverlangt. Während ihrer Pflegebedürftigkeit hatte sie alle Kräfte der Tochter aufgezehrt. Erst als sie völlig am Ende war, hatte sie die Reißleine gezogen.
In beiden Leben hat sie versucht, sich aus den Fängen der Unfreiheit zu lösen, nun war es ihr gelungen. Auf der Zwischenebene konnte sie mit der Mutter Frieden schließen. Einige sehr nahe Seelen unterstützten sie hier. Viele Fremdenergien (Kopf, Hals, Brust) von der Mutter konnten gelöst werden.
Eine sehr, sehr heilsame Sitzung. Die Klientin ist froh und sehr berührt!

Fallbeispiel / Protokoll 24

Wenn Sie- lieber Leser – an Leben außerhalb unserer Erde nicht glauben, sie gar ablehnen- überlesen sie einfach das folgende Protokoll. Die Klientin bringt einen Sack voller Familienthemen mit. Sterbefälle, Krach mit Geschwistern bis hin zu Denunzierungen in der NS Zeit. Nachdem sich die Klientin kurz in einer kriegerischen Auseinandersetzung erlebt wechselt sie augenblicklich in eine neue Situation/ Dimension:

Sie sieht sich mitten im Weltraum. Es dauert etwas bis sie sich als Insasse eines Raumschiffes sieht. Sie sehen menschenähnlich aus, doch ist der komplette Körper mit etwas folienartigem überzogen, der Kopf ist schmal und ebenfalls mit einer weißen kunststoffartigen Haut überzogen. Sie betrachtet mit ihren „Kollegen" von weitem die Erde. Sie erkennen eine zweigeteilte Erde, eine Hälfte in Licht und Feuer, die andere dunkel und kalt. Sie betrachten es völlig neutral, so als sei es problematisch, aber normal, „es ist so". Doch scheint auch eine gravierende Veränderung bevorzustehen...

Nun spürt sie, wie das Schiff mit unglaublicher Geschwindigkeit zur Erde fährt. Sie docken an einer Station auf der Erde an und gehen in unterirdische Räume. Sie sieht andere Mitbewohner, die Gänge, etc. Alles was sie sieht ist kein irdisches Material, alles ist so anders.

Für die Klientin ist das alles andere als selbstverständlich. Sie hat sich vorher nie mit außerirdischem Leben befasst. Doch diese Bilder sind so klar, so eindeutig, sie kann es sehen und fühlen, über jeden Zweifel erhaben...

Und sie spürt, während ihrer Reise ist ein Begleiter an ihrer Seite – Jesus.

Sie steigt in diesem unterirdischen Gebilde in einen Fahrstuhl ein, der sie noch kurz die Station betrachten lässt, bevor sie in weitere Situationen der Vergangenheit einsteigt.

Ihr wird jetzt deutlich, dass sie sich mit einem hohen Bewusstsein auf viele Erfahrungen der Gewalt eingelassen hat. Offensichtlich eine Erfahrung die sie so nicht kannte. Sie geht in ganz kurze Sequenzen: Als Wikinger wird sie von einem Widersacher in einem See untergetaucht, in einer wildwestähnlichen Gegend von mehreren Halunken massakriert und vergraben, in einem diktatorischen Staat bei einem Verhör gefoltert.

Eine längere Sequenz zeigt sie als Mann in einer Spelunke. Eine sehr schöne, verführerisch anmutende Frau setzt sich ihm auf den Schoß. Sie will ihn verführen, doch er sträubt sich. Währenddessen beäugt sie ständig ein sehr finster schauender Mann mit stechenden Augen. Irgendwann kommt es durch das Techtelmechtel zu einer Auseinandersetzung unter den Männern. Ihm wird vorgeworfen er hätte das Mädchen verführen wollen, was er aber verneint. So wird er von der Meute durch die Stadt getrieben vorbei an seiner schreienden Frau („Er hat doch gar nichts gemacht") und seinen Kindern. Er ist so voller Angst, dass ihm der Schweiß ausgeht, er ist angespannt, es ist ihm speiübel (alles erlebt die Klientin sehr, intensiv). Er wird von dem finsteren Gesellen unterwegs mit Knüppeln massakriert. Die Masse peitscht ihn aus bevor der finstere Mann ihm ein Messer in die Rippen stößt.

Nun geht es zur Zwischenebene…

Jesus als Begleiter, ihre Mutter und weitere hinzukommende Lichtwesen und Seelen begleiten sie. In Stichpunkten wird zusammengefasst folgendes dargestellt:

* Das Thema Gewalt begleitet sie bereits lange. Sie ist der Gewalt immer wieder ausgesetzt, muss Wege finden sich zu wehren.
* Verbunden mit der Gewalt war meist auch die Ungerechtigkeit, nie ging es um Mann gegen Mann, sondern um Unterdrückung, Ohnmacht, Ausgrenzung. Auch die Falschbeschuldigung gab es oft, die Denunzierung ebenfalls.
* Oft spielten Alkohol und Rausch eine Rolle, manchmal die Verführung.
* Dabei erkennt sie deutliche Parallelen im Heute. Ähnliche Situationen gab es, doch konnte sie sich gegen Falschaussagen und Beschuldigungen zur Wehr setzen. Die körperlichen Beschwerden mit Schwitzen, Anspannungen, Herzschmerzen, Ängsten und Übelkeit kennt sie so aus den heutigen Situationen ebenfalls
* Familienkarma spielt eine große Rolle in dem sich immer wiederholenden Kreislauf. Sie schaut sich jetzt eine Situation an,

in der sie als Mann einen Widersacher umbrachte um mit seiner Frau am Traualtar zu landen. Johann, der Widersacher hatte sich daraufhin als Besetzung in ihren Bauch begeben. Unter anderem ist er Schuld an der Übelkeit, den Beschwerden im Bauchbereich die die Klientin schon lange plagen. Johann ist nicht ohne weiteres bereit zu gehen. Als er sich jedoch betrachtet, dass Weiterentwicklung nur möglich ist, wenn er ins Licht geht, steigt er einfach so aus – die Klientin erlebt ihn im gleichen dunklen Anzug wie beim Duell.

⁂ Johann und seine Energien waren mit schuld, dass die Klientin bei einigen Menschen nicht als „Ich" ankam, sondern als Johann mit seiner Wut, seiner Rache... Deshalb kam es oft zu Auseinandersetzungen wegen Kleinigkeiten, wegen Nichts bis hin zum Bruch von Freundschaften.

⁂ Nun werden einige Familienseelen – auch Lebende- hinzugerufen. Alle bilden einen Kreis der von Jesus mit Energie gespeist wird. Alle umarmen sich, dass Familienkarma der Gewalt, Denunzierung, Falschbeschuldigung, etc. wird nun gelöst.

⁂ Der Großvater ist ebenfalls noch nicht im Licht, er hält sich irgendwo zwischen den Welten auf und hängt tief in Schuldthemen. Erst die Liebe seiner Enkelin und Jesus und die Erklärungen zu Ursache und Wirkung, usw. lassen ihn langsam aus dem Dunkel ins Licht gehen.

⁂ Er hilft nun Jesus bei der Heilung der Klientin. Der Bauch, aber vor allem der Hals werden durch Christus mit sehr viel Heilenergie versorgt. Viele Themen mit den entsprechenden belastenden Energien trägt sie am Hals. Aufgehängt werden, war nur eine der vielen Formen der Gewalt am Hals-Chakra

⁂ Ihre Schwester hatte sie geköpft – auch das floss ins Familienkarma mit ein...

⁂ Mutter und Opa feuern sie an: „Kämpfe, du schaffst das"

Das war ein rasanter Flug durch die Zeit, durch Gewalt und Karma. Die Klientin ist tief beeindruckt und glücklich über die vielen Dinge die klar wurden, sowie über alles was gelöst und befreit werden konnte.

Etwa 2 Stunden Vorgespräch über Getrenntsein – EINS SEIN, alles was Seele und Menschen bewegt, machen eigentlich die Sitzung überflüssig. Doch wir wollen ja….

Die Kindheit zeigt eine Situation der Trennung. Die Eltern lassen sie im Krankenhaus zurück. Dabei spielt sich innerlich ein Drama ab. Sie erlebt das Getrenntsein, das Verlassen sein, das Zurückgelassen werden, den Schmerz, die Dunkelheit, Traurigkeit und Depression so intensiv das sie sagt: „ich will nur noch sterben…"

Eine wunderschöne Natur/ Landschaft lassen sie in wunderschöne Gefühle wechseln. Sie befindet sich als einfache junge Frau in einem mittelalterlichen Dorf. Vier Geschwister und Eltern lassen sie in einem ärmlichen Zuhause die Armut erleben, etwas bedrückend, dunkel, aber auch harmonisch. Mit den Geschwistern ist ein glückliches Zusammensein mit ganz vielen wunderschönen Momenten möglich. Sie erleben Freude pur. Auf einem Marktplatz trifft sie auf den Sohn des Burgherrn… Gut versorgt sein überwiegt den Wunsch nach Liebe. Die Mutter rät ihr das zu tun was sie wirklich will (!!!). Doch sie weiß es nicht richtig. Der Traum von Wohlstand und Sicherheit überwiegen…

Sie heiratet ihn und erlebt anfangs eine erfüllte Zeit. Doch als der Burgherr mit seinem Heer unterwegs ist, nach seinen Ländereien schauen muss… fühlt sie sich mehr und mehr allein gelassen. Es folgen Jahre der Einsamkeit, der fehlenden Liebe, das Gefühl zurückgelassen zu werden, Traurigkeit…

Und in dieser Lebensphase trifft sie einen anderen… „er macht das Leben neu". Sie fühlt wieder das Vollständig sein, Harmonie, Glück, Freude, es ist ihre Dualseele.

Doch führt sie diese Begegnung in den Tod. Ehebruch in dieser Zeit wird scharf geahndet, sie wird geköpft. Doch wider Erwarten sind alle die der Hinrichtung beiwohnen erschüttert, innerlich spüren sie, dass die gesuchte Freiheit, die Liebe von Bedeutung sind.

Sie wird aus ihrem Leben von drei lieben Freunden ins Licht begleitet. Auf der Zwischenebene kommt sie in Kontakt mit ihrem Schutzengel. Sie erhält viele Informationen und erkennt: Die Lebensaufgaben der Selbstliebe, der Freiheit, des Aufhebens des Getrenntseins, der Freude wurden weitestgehend gelöst. Doch ist das Thema Selbstliebe auch ihre

Seelenbestimmung, immer und immer wieder lebt sie um alle Aspekte zu lernen, immer vergisst sie aufs Neue um es dann wieder neu zu entdecken.

Es geht ins Urlicht wo ihr Vater hinzukommt und sie intensive Liebe und Harmonie spüren lässt. Sie erhält viele Seelenanteile zurück, Liebe, Vertrauen, Freude, Leichtigkeit und Selbstliebe und vieles mehr. So darf sie sich wieder vollständig fühlen.

Eine erfüllte Klientin macht sich auf ihren weiten Heimweg.

Fallbeispiel / Protokoll 26

Klara hat Erfahrungen in der Energiearbeit und steigt in einem uralten dunklen Haus ein und wird dort von einer strahlenden weißen Frau (Großmutter) aus einer tiefen Schwere gezogen. Danach erlebt sie sich in einem Leben als Heilerin und Kräuterfrau. Sie hilft Frauen beim Gebären, Wunden heilen, etc.

Sie erlebt bis ins Detail die Geburt einer sehr armen Frau, Mutter und Kind sind bereits fast verloren als sie eintrifft. Der Mann ist gegen die Hilfe, die anderen Kinder haben sie gerufen. Sie kämpft mit Kräutern, Tinkturen, Energien, geistigen Helfern um das Leben der Mutter und des Kindes. Beide werden gerettet, doch ist dabei auch klar, dass die Frau dieses schreckliche Leben unter dem „Stinker" nicht fortführen will. Macht, Unterdrückung, Alkohol, und so weiter haben die Ehe geprägt.

Mit der Hilfe der Heilerin wird die Frau später mit ihren Kindern fliehen und den Mann verlassen.

Einem kleinen Jungen hilft die Heilerin nach dem Biss einer Giftschlange, sie rettet auch ihm das Leben. Die Kinder spielten als Mutprobe am Wasser, die Schlange hatte ihre Eier dort abgelegt und bewachte diese. Die Kinder waren laut. Die Heilerin hörte sowohl die Kinder wie auch die durch den Krach gestörte Schlange. Die Heilerin sprach bereits im Vorfeld mit der Schlange, versuchte sie zu beruhigen, doch war deren Geduld irgendwann überfordert, sie biss zu.

Die Heilerin eilt nun zu dem Jungen, versorgt den Biss und spricht gleichzeitig mit der Schlange. Sie neutralisiert das Gift, wendet Kräuter und Salben an, ebenso einen Heilstein und Gebete. Geister und Kräfte werden hinzugebeten, so dass sich der Zustand des sterbenden Kindes langsam bessert. Nach einem harten Kampf kommt der Junge zu sich…Doch wer von einer glücklichen Entwicklung ausgegangen ist erlebt nun das Paradoxon der Zeitepoche: Die Familie des Jungen freut sich nicht, sondern sieht die Rettung als Zuwiderhandlung gegen die Naturgesetze, gegen Gott an. Der Junge war aus Sicht der Bevölkerung ungehorsam und bekam deshalb den Zorn Gottes zu spüren, so waren Biss und Tod gerecht. Der Vater des Jungen billigt diese Entwicklung nicht und misshandelt seinen Sohn fortan.

Dieser lehnt sich jedoch mit der Zeit gegen seinen Vater auf und geht seinen eigenen Weg, er flieht. Auch viele andere im Dorf lehnen sich immer mehr gegen das alte Gefüge auf, vor allem die Frauen wollen die Macht der Männer und der Kirche nicht weiter ohne Widerstand akzeptieren.

Nachdem sich in vielen Menschen die Dinge verändern, spüren die „Hardliner" den Gegenwind. So verbünden sich irgendwann der verlassene Ehemann, der Vater des Jungen und der Priester des Dorfes um gegen die Heilerin vorzugehen. Denn in ihren Augen ist diese Schuld an dieser gottlosen Entwicklung. Der Mob zieht zum Haus der Heilerin, zerrt sie in den Kerker und hält öffentlich Prozess gegen sie. Fünf einflussreiche Kirchen- und Gemeindemänner führen den Prozess in dem die Menge ausruft: „Weg mit dieser Frau".

So landet sie auf dem Scheiterhaufen.

Die weiße Frau (Oma) und ihre Urgöttin begleiten die Seele ins Licht, viele weitere Seelen sind dabei. Auf der Zwischenebene erfährt sie ihre Lebensaufgaben:

- „Ich wollte lernen die Menschen so sein lassen wie sie sind, sie in Liebe anzunehmen und loszulassen
- Ich wollte auch lernen nicht zu bewerten und
- Den eigenen Weg in Liebe zu gehen
- Ich wollte lernen Alleine zu sein und
- Für die Menschen eine Hüterin des Lebens zu sein"

Mit ihrem Vater im Heute (der Vater des geretteten Kindes) verbindet sie ein Karma und ein Seelenvertrag. Er hat ihr geschworen, sie auf alle Ewigkeit zu verfolgen und sie büßen zu lassen.

Ihr Hüter löst beides nach vielen Klärungen auf. Sie schaut sich ein weiteres Leben an in dem es letztlich auch um Unterdrückung, Macht und Ohnmacht ging: Sie ist der jüngste Sohn eines herrschsüchtigen Kaufmanns. Dieser streitet sich um die Geschäftsübergabe mit seinem ältesten Sohn und erschießt diesen im Jähzorn, weil er die neuen Ideen des Sohnes nicht zulassen will. Da der jüngere Sohn (Klientin) den Mord beobachtet hat, wird er vom Vater eingesperrt und verweilt in einem dunklen Kellerverlies bis zu seinem Tod.

Karma und Seelenvertrag können erst gelöst werden, als die Klientin dem Vater verziehen hat.

Nun hält der Hüter dem Vater die verbrannten Verträge und das Karma hin: „Es ist jetzt deins, vergib auch du und lass endlich los".

Der Vater verneigt sich nun vor seiner Tochter und verabschiedet sich. Der Tempel der Heilung rundet eine lange und sehr intensive Sitzung ab.

Eine sehr angestrengte Klientin ist beeindruckt und glücklich!

Fallbeispiel / Protokoll 27

Mathildes Themen sind die Suche nach dem eigentlichen Grund ihrer Brustkrebserkrankung, ihr fehlendes Selbstbewusstsein und die nicht vorhandene Selbstliebe.

Sie erlebt einen Einstieg in einen lichterfüllten Kuppelraum wo sie auf ihren Schutzengel trifft. Das sie „so etwas hat" war ihr vorher nicht bewusst.

Es kommt zur Begegnung mit dem Inneren Kind das ihr die Verletzungen des Herzens und das Nichtbeachtet werden, sowie die Einsamkeit zeigt.

Floris, ihr Engel führt sie in die Schwangerschaft wo sie erlebt, dass sie von der Mutter ungewollt ist, abgelehnt wird. Eine sehr schmerzliche Wahrnehmung mit Zusammenziehen, Kleinmachen und Herzschmerzen ist spürbar, sie weint, ist unglücklich. Doch ebenso erlebt sie einen sehr frohen und glücklichen Vater, sie erlebt wie sehr er sich freut, spürt seine Herzschwingung und ist glücklich. Sie selbst ist mit großer Freude und großer Erwartung in das Leben eingestiegen. Die Freude des Vaters gleicht die Ablehnung durch die Mutter etwas aus.

Zurück im Kuppelraum erlebt sie ihren Vater und das pure Glück mit dieser verstorbenen Seele. Beide umarmen sich, sie sind glücklich. Doch, er ist als Besetzung bei ihr. Er wollte seiner Tochter helfen das mit der Mutter erlebte, sehr schwere Leben zu meistern. Er hat sich mit seinen Energien am Kopf eingenistet. Beide tauschen sich jetzt aus, so dass er spürt, dass seine Tochter ihn nicht mehr braucht. Sie trennen sich jetzt in Liebe… er geht ins Licht. Ein sehr glücklicher und intensiver Moment für die Klientin, sie ist berührt, sie weint.

Nun heilen wir mit der Hilfe von Floris das Innere Kind, es war sehr verletzt, doch hat das Wissen aus der Schwangerschaft vieles erklärt und kann nun losgelassen werden.

Die Innere Frau findet sich nicht liebenswert, hat nur noch eine Brust und hat viel Selbstwertgefühl verloren, sie ist nicht mehr vollständig….

Der Innere Mann ist etwas genervt, da sich die Frau nicht helfen lässt…

Doch sind sie mit Hilfe des Inneren Kindes nun beide in der Lage Hilfe anzunehmen, die Energie des Engels tut auch ihnen gut.

Die persönliche Helfergruppe mit Floris und Raffael unterstütz die Inneren Anteile Kind, Mann und Frau jetzt bei der kosmischen Hochzeit. In einem sehr intensiven, energetischen Ritual verbinden sich alle Drei und ziehen als reine Energie in den Kopf der Klientin.

Nun gesellt sich ihr Krafttier, ein weißes Einhorn dazu. Es schenkt Unterstützung, Leichtigkeit, Freude, und Hilfe in spirituellen Dingen. Mit dem Inneren Kind erlebt sie eine wunderschöne Wiese mit Elfen von denen eine zu ihr gehört. Sie kümmert sich um ihre Blumen und lässt sie die Natur fühlen.

Die Engel zeigen ihr noch eine Situation eines früheren Lebens. Sie erlebt als junger Mann auf einem Schlachtfeld inmitten von Kanonen den unglaublichen Schmerz, die Trauer, die Vernichtung, die Ungerechtigkeit, ….. Sie selbst empfindet dabei dieselbe Energie wie bei den Dramen in ihrer Kindheit. Es ist wie ein Gefühl von Vernichtung. Ihre Helfer teilen ihr mit, dass diese Dinge sehr wohl zu vergleichen sind. In manchen Familien herrschen diese Energien. Liebe, Vertrauen, Verzeihen und Vergeben würden helfen dies alles zu heilen, so wie auf dem Schlachtfeld.

Die Helfer führen sie in den Tempel der Heilung. Alle sagen ihre Hilfe zu.

„Gib uns Raum in Deinem Leben, lass unsere Hilfe zu, du musst uns einschalten, ohne diese Impulse können wir nicht aktiv werden…"
Eine 5,5 Std. Sitzung zeigt eine beeindruckte, mitgenommene, aber auch sehr glückliche Klientin.

Fallbeispiel / Protokoll 28

Immer wieder hat Ludwig Kontakt mit dem Nationalsozialismus gehabt. So erlebte er immer wieder heftige Reaktionen beim Betrachten von Filmen oder Bildern aus der Nazizeit, vor allem in Bezug auf die Judenverfolgung.
Nach meinem Hinweis auf alle Dinge zu achten die sich nach der Terminabsprache ereignen könnten erlebte er folgendes: Nachdem eine liebe Freundin verstorben war, hatte er 40 Tage im Winter einen Schmetterling im Wohnzimmer. Er hatte plötzlich die Fähigkeit mit Tieren zu kommunizieren…
Seine Reise beginnt auf einem jüdischen Friedhof in Prag. Ein alter Jude „bietet" sich als Begleiter an und führt ihn zuerst „unter die Erde". Offensichtlich waren viele der Leben als Jude oder innerhalb der jüdischen Geschichte mit einem gewaltsamen Tod verbunden. Er spürt sein Dasein in einem Grab und zwar nicht als lebendig Begrabener. Er spürt das „Dasein" im gewandelten Zustand als Verstorbener und das „Sosein" des Toten unter der Erde als Ruhe, Frieden, Erdverbundenheit, ja als EINS SEIN mit Allem. Ein für ihn absolut wunderbares Gefühl… (für mich überraschend).
Die folgende Situation zeigt ihn als rothaariges Mädchen auf einem sehr großen Gutshof. In der Küche bereiten die Köchinnen ein Festmal während sie draußen als 12 jährige spielt, Äpfel pflückt und das Leben genießt. Als sie hört, dass der Grund für das Fest ihr Verheiratet werden mit einem standesgemäßen Jungen ist, überfällt sie Angst. Der Hals schnürt sich zu, Druck auf dem Brustkorb nimmt ihr den Atem. Nun erlebt sie wie ein Tross von Menschen mit Pferdewagen und Kutschen kommt und die Feier naht. Sie erkennt den Bräutigam, einen hübschen, schüchternen Jungen, der mindestens so viel Angst hat wie sie selbst. Ein großes Fest beginnt.
Mit etwa 20 Jahren erlebt sie, dass sie und ihr Mann, den sie achtet, der aber immer noch sehr ängstlich ist, ein Kind, einen kleinen Jungen

haben. Dieser soll durch einen sehr undurchsichtigen, gefährlichen Onkel entführt werden. Die junge Frau ist jedoch nicht bereit den umfangreichen Intrigen des Umfeldes tatenlos zuzusehen. Sie lässt sich auf eine Beziehung mit einem Machthabenden (wird zur Maitresse) ein, um Einfluss zu haben. Dies gelingt ihr, sie erhält mehr und mehr Macht. Gleichzeitig wächst in der Stadt der Judenhass. Die Juden haben durch ihr großes Vermögen viele Schuldner unter den Bewohnern, auch bei der Stadt. So wollen Stadtrat und einflussreiche Menschen die Juden um die Ecke bringen, beziehungsweise vertreiben. Eine Idee ist, den Brunnen zu vergiften, aus dem die Juden ihr Wasser nehmen. Nun kämpft die junge Frau mit Hilfe ihres Einflusses gegen das Ansinnen des Stadtrates und hat Erfolg. Ihr Verhältnis mit dem Stadthalter nutzt ihr. Der Rat verhandelt mit dem Ältesten Rabbi. Ein Kompromiss führt zum teilweisen Schuldenerlass und neuen Krediten. Sie ist glücklich das Unheil verhindert zu haben.

Sie hat sich jedoch so unbeliebt bei einigen Menschen gemacht, dass sie rücklings erstochen wird.

Die nächste Situation zeigt den Klienten als deutsches Kindermädchen bei einem reichen jüdischen Paar in den 1930er Jahren. In deren Abwesenheit werden die Hausbewohner und vor allem die Kinder zusammengerufen um deportiert zu werden. Das Kindermädchen begleitet dabei die Kinder voller Sorge. Am Bahnhof setzt sie sich mit einem bewaffneten Soldaten auseinander, weil dieser sehr ruppig mit den Kindern umgeht. Er stößt sie mit den Kindern in die Viehwaggons mit denen die Menschen ins KZ transportiert werden. Sie spürt ihre Angst mit den gleichen Beschwerden wie im Leben vorher (Hals, Brust, Luft), doch gilt ihre Fürsorge den Kindern. Sie singt und spielt mit ihnen, erzählt Geschichten und nimmt damit einen Teil der Panik. Sogar in der Gaskammer gelingt ihr das zum Teil. Sie lindert Angst, Panik, Verlust der Kinder und der Menschen um sie herum. Was sie überhaupt nicht wahrnimmt sind Hass und Zorn gegen Politik, Machthaber und Verursacher des Leids. Ihre Aufgabe ist es die Brücke zwischen den Völkern, Kulturen, Religionen zu schlagen, Angst und Schmerz zu lindern und zu helfen.

Auf der geistigen Ebene begegnen dem Klienten nun viele Seelen, auch viele denen er geholfen hat und er begegnet einem funkelnden Energiepunkt.

Er hört eine sehr weiche, liebevolle, aber durchdringende Stimme: „Ich bin der, der ich bin, der der mit Moses aus dem Dornbusch sprach…." Gott teilt ihm mit dem Engel des Wandels mit, dass Wandel, Brückenschlagen, Hilfe für Verfolgte sehr häufig seine Lebensaufgabe war (dabei war er sehr oft Jude). Auch heute schlägt er solche Brücken. Vieles wird gelöst, wobei die Energien an Hals, Brust, und so weiter bereits in Kraft und Stärke gewandelt wurden. Im Tempel der Heilung geschieht Transformation. Ein beeindruckter Klient verlässt mich. Interessant ist es, dass er mein erster Geistlicher als Klient ist.

Fallbeispiel / Protokoll 29

Themen meiner heutigen Klientin, Brigitte sind Beziehung, Partnerschaften, Alleine sein und so steigt sie im Haus der Beziehung ein.
Sie sieht sich in einem Leben in dem sie überaus glücklich mit ihrem Kind, ausgelassen auf einer Wiese tobt. Kurz danach erlebt sie den Verlust des Kindes und des Partners – er entscheidet sich für eine andere Frau. Sie leidet dermaßen, dass sie mit allerlei körperlichen Beschwerden den Lebensmut verliert und sich in einem Brunnen umbringt. „Es ist gut zu gehen und so in Ordnung, sagt sie zu sich selbst."
In einem weiteren Leben zum Thema erlebt sie ein Dasein als eine von vielen Mägden auf einer Burg. Sie kann bis ins Detail beschreiben wie der Tagesablauf dort ist, das Inventar, wer was macht, und so weiter. Beim Gang zum Hühnerstall kommt ihr ein Ritter entgegen. Mehrere Begegnungen zeigen eine unglaublich tiefe Verbundenheit. So erlebt sie auch ein tiefgehendes, unglaubliches Ereignis: „der Blick in die Augen ist etwas ganz besonderes". Doch beginnt sie bereits nach einer kurzen Glücksphase an seiner Ehrlichkeit, seiner Treue zu zweifeln. „Er meint es nicht ernst..."'
Und so kommt es zur Trennung... Sie leidet wieder sehr und beginnt eine Liaison mit einem Herren – wird seine Maitresse. Sie leidet, Sex ohne Liebe ist nicht das was sie will und fühlen möchte. Auch hier endet ihr Leben mit Glaubenssätzen die ein solches Leben mit Verlassen sein, Unglück, Verlust, Trauer und Traurigkeit ausdrücken – das will sie nie wieder...

Ihre geistigen Helfer (Sohn, Mutter, ein Wesen mit Adlerflügeln) zeigen ihr, dass sie insbesondere bei den Beziehungen ihre Seelenbestimmung sucht: Sich selbst zu entdecken, den eigenen Weg gehen, ausdrücken was man will...

Verlorene Seelenanteile wie Vertrauen, Nähe, sich fallen lassen können, Freude, Glück und so weiter, hinterlassen eine Leere die es schwer macht. Fülle zu entdecken und zu erleben.

Von ihrem Hüter der Akasha Chronik erhält sie die Seelenanteile zurück. Eine Energietrennung mit 2 Ex- Partnern verhilft einem der beiden ins Licht. Als Besetzung war er schon lange bei ihr und schon früh in der Sitzung zu spüren...

Sie ist froh und glücklich als sie meine Praxis verlässt. Vieles konnte sie auflösen, vieles verlorene zurückerhalten.

Fallbeispiel / Protokoll 30

Silvias Sitzungsthema ist: Tiere

Sie erlebt sich als Jungen. Hans lebt auf einem Bauernhof vor etwa 100 Jahren. Sein Vater behandelt die Tiere sehr schlecht. Er überrascht den Vater als dieser ein Schwein missbraucht. Der Junge spürt, dass er mit den Tieren kommunizieren kann und erlebt dabei den Schmerz, die Trauer, das Leid der Tiere. Er selbst leidet mit, da er keinen Mut hat etwas gegen die Misshandlungen der Tiere zu tun. Auch seine Mutter, die er liebt, kann nichts tun. Mit 19 kommt es zu einer Auseinandersetzung mit dem Vater, der ihm vorwirft zu weich zu sein, er soll sich endlich um den Hof kümmern und mit dem weichen Umgang mit den Tieren aufhören. Hans legt sich oft zu den Tieren, spricht mit Ihnen, insbesondere mit dem Eber und einer sehr alten und weisen Kuh. Sie helfen ihm zu überleben und „erklären ihm die Welt". Doch mit 19 geht er, auch weil die Tiere ihm dazu raten: „du musst gehen, uns kannst du nicht helfen..."

Mit seinem Hund verlässt er den Hof und wohnt abseits der Zivilisation in einer Hütte in den Bergen. Doch auch hier, besonders auf dem Markt und bei Besuchen im Dorf erlebt er, dass der Mensch sehr unbewusst mit den Tieren umgeht. Er fühlt sich hilflos, ohnmächtig, traurig, wütend. Viele Beschwerden in Kopf, Brust und Bauch kennt die Klientin dabei auch in Situationen der Hilflosigkeit im Heute.

Hans stürzt sich in seiner Ohnmacht und Trauer von einem Felsen und lässt dabei seinen lieben Begleiter, seinen Hund zurück. Er wird sehr liebevoll von Engeln und anderen Seelen ins Licht begleitet.

Auf der Zwischenebene erlebt er einen Austausch mit seinem Engel und einem weiteren göttlichen Wesen:

- Die Lernaufgaben von Hans bezogen sich auf das Hinsehen, das bewusste Wahrnehmen der Rechte der Tiere, das Mensch sein, das bedingungslos lieben
- Letztlich hatte er vieles nicht geschafft, weil er die Menschen nicht so lassen konnte wie sie sind
- Hans konnte die Energien der Natur, der Bäume aufnehmen (Solarplexus) und mit dem Herzen auch die Bäume mit Energie versorgen
- Der Hüter löst Glaubenssätze (nie wieder Mensch sein, hinsehen…), gibt Seelenanteile zurück (Freude, Vertrauen, Selbstliebe….), löst Energien des Hundes und Energien von Hans – Verlust, Trauer und Schmerz
- Der Hund ist auch jetzt als Hund bei ihr. In ihrer Kindheit war er der Hund eines Nachbarn und hatte sie gebissen. Denn er lebte noch immer in dem Schmerz weil Hans ihn damals zurückgelassen hatte. Nun war er wieder als Welpe zu ihr zurückgekehrt. Offensichtlich ist es Zeit zu klären
- Engel und Wesen teilen ihr mit, wie wichtig es ist sich um die Erde und die Tiere zu kümmern. Nicht mit Gewalt, aber mit Licht und Liebe. Sie bekommt immer Hilfe, alles fließt auf sie zu…. Der Tempel der Heilung rundet alles ab.

Eine superglückliche junge Klientin verlässt mich um das Leben mit den Tieren bewusster zu leben und zu gestalten. Sie meldet sich viele Monate danach und berichtet von vielen positiven Veränderungen in ihrem Leben.

Susannes Themen haben viel mit der schweren Kindheit zu tun. Mit Mangel, Ängsten…

Sie erlebt sich als etwa 11-jährigen Jungen, der in einer 12 köpfigen Familie im späten Mittelalter lebt, Hunger und Armut beherrschen das Leben. Er will mit dem Diebstahl von Brot die Familie unterstützen, doch ist dies sehr gefährlich. Wer stiehlt dem wird oft eine Hand abgehackt. Prompt wird er vom Bäcker erwischt. Da dieser ihn schon länger beobachtet und ihn auch schon gewarnt hat, ist er erbarmungslos. Er ruft Männer in ritterähnlichen Uniformen die ihn in einen Kerker werfen. Schreckliche Angst, Schwäche, Kraftlosigkeit, Ohnmacht, Hinfälligkeit, Verlust der Würde und vieles mehr empfindet er.

Auch im Heute kennt die Klientin diese Empfindungen wenn sie unter Druck steht. Der Junge wird anschließend gefoltert um ihm die Klauerei auszutreiben. Zwar drohen ihm die Foltermeister die Finger abzuhacken doch „veräppeln" sie ihn damit. Dennoch sitzt der Schock sehr tief. Aber auch das Strecken auf einer Folterbank bei der sich dicke Holzpickel in den Rücken drücken schmerzt sehr. Er windet sich um aus der Lage zu kommen, doch es gibt kein Entkommen.

In diesem Moment erkennt die Klientin die Schmerzen – sie ähneln den Schmerzen die sie als Skoliose Patientin in ihrer Jugend hatte und die bis heute Folgen haben. Eine große Operation folgte.

Der Junge wird bewusstlos und erwacht ohne Amputation. Dennoch ist die Scham so groß (sein Diebstahl hat sich überall rundgesprochen), so dass er nicht mehr nach Hause geht, er flieht in den Wald und scharrt sich dort eine Höhle. Von Wurzeln und Abfall ernährt er sich, bis er nach kurzer Zeit an Entkräftung stirbt.

Viele Glaubenssätze drücken aus, dass er nie wieder arm sein will, nie wieder solche Schmerzen und Ängste haben will, nie wieder solche Unterdrückung und ein solches Leben haben möchte…. Alles hervorragende Manifestationen des Mangels.

So geht's auf die Zwischenebene wo es zum Austausch mit ihrem Hüter, ihrem Geistführer und auch Christus kommt:

- ✳ Die Glaubenssätze werden durch den Hüter gelöst, aber:
- ✳ „Ich bin es nicht wert" zeigt noch etwas ganz anderes, nämlich dass der Junge viele Seelenanteile abgegeben hat. Mut, Liebe und Selbstliebe, Vertrauen, Lebensfreude, Kraft, Stärke, Leichtigkeit und vieles mehr… Der Hüter gibt ihr alles zurück in Form von goldenen Glitzerkugeln…doch immer noch fehlt etwas…
- ✳ sie spürt das die Seele der Mutter in der Nähe ist und dabei sehr argwöhnisch blickt… sie will Zugriff… etwas stimmt hier nicht. Ich frage nun den Hüter was die Mutter damals für eine Rolle hatte. „Sie war auch damals die Mutter, sie ist vor Leid fast vergangen, wusste nicht was mit dir passiert ist, ob du den Kerker überlebt hast und dann kamst du nicht wieder. Sie hat diesen Schmerz und den Verlust noch heute in sich. Es ist an der Zeit einander zu verzeihen." So ist nun nach diesem Wissen endlich die Möglichkeit einander zu verzeihen, beide zeigen einander Achtung und Verzeihen. Drei Ausgleichsleben hatte sie sich für dieses zugefügte Leid genommen, das Karma wird gelöscht.
  Im Heute ist es der Tochter nicht möglich sich der Mutter zu nähern. Viel Leid und Schmerz, Verletzung aus der Kindheit wird von der Mutter ignoriert während die Tochter darauf wartet, dass es thematisiert wird. Offensichtlich war dieses alte Geschehen blockierend…
- ✳ Christus lässt über viele Minuten Energien der Liebe, der Aufrichtung und der Begradigung in ihr Energiesystem fließen. Sie ist zutiefst berührt, erfüllt und spürt dieses Begradigen intensiv.
- ✳ Alle teilen mit, es sei höchste Zeit gewesen dass alles zu tun. Ein herumflatternder Engel wird nicht gerne angenommen, da sie ja mit den beiden Meistern ausreichend ausgestattet sei – doch er teilt mit, dass er Humor und Freude bringt.
- ✳ Sie hat nun alles, vor allem viel guten Rat durch die Helfer
- ✳ Der Tempel der Heilung rundet alles ab…

Die Klientin fährt nach einer 5 Stunden Sitzung glücklich und voller Mut nach Hause.

Markus ist viel unterwegs, deshalb beschäftigen seine Themen: Verlustängste, Loslassen, Ungeduld in der Erziehung ihn sehr.

Obwohl er nicht viel Erfahrung mit Energiearbeit hat, steigt er schnell in die Entspannung und in das, was folgt ein.

Eine erste Situation zeigt ein einfaches Leben als Mann mit mehreren Kindern und Partnerin in einem Holzhaus vor einigen hundert Jahren. Er erlebt hier mehrere Situationen erfüllt von wunderschöner Harmonie, Glückseligkeit, Freude und Leichtigkeit. Diese Schwingungen und Energien spürt er am gesamten Körper und auch im Herzen. Diese Wahrnehmungen werden abgelöst von Disharmonie, Ärger, Zorn, Wut, Rumoren im Bauch und in den Händen. Gleichzeitig erlebt er, dass seine Kinder im Haus an der offenen Feuerstelle spielen.

Seine Frau versteht seine Aufregung und den Wutausbruch nicht und hält das für völlig unangemessen. Es dauert einige Zeit bis er (etwa 40 Jahre alt) sich beruhigt. Die Wut legt sich und die Liebe zu seinen Kindern überwiegt. Er weiß, dass das alles völlig überzogen war. Doch er hatte große Sorge, dass den Kindern beim Feuer etwas geschieht. Mit seiner Frau legt sich die Disharmonie erst Stunden später: „sie muss immer recht haben, doch ich hab doch auch das Recht darauf, mal recht zu haben…"

Eine Situation lange vorher in einem weiteren Leben erklärt die Angst: Er kommt als Mann nachts nach Hause und erlebt ein brennendes Haus. Es brennt so lichterloh, dass er nichts mehr unternehmen kann. Er hat keine Chance, steht völlig fassungslos, hilflos, leer, traurig, vor dem Drama. Niemand ist da, niemand tröstet, er ist komplett auf sich alleine gestellt. Und in diesem Drama weiß er, dass alles hoffnungslos ist, nie wieder will er verlieren, nie wieder eine solche Trauer. Diese Ängste kennt er aus dem anderen Leben und aus dem Heute. Er steigt zwischenzeitlich in eine Situation als Säugling ein, in der er wegen eines Hüftschadens für ein halbes Jahr ins Krankenhaus muss. Tiefe Sehnsucht, Verlassen sein, Alleinsein, Verlust sind intensiv zu spüren.

Er geht in die Sterbesituation im zuerst betrachteten Leben und erlebt wieder Harmonie. Er hatte gelernt in diesem Leben loszulassen. Aus all den Streitereien mit der Familie, den Kindern, der Frau hatte er langsam das Loslassen gelernt. Ängste konnte er loslassen, das Leben wurde immer leichter und harmonischer. Die Leute die es der Familie mit dem Bewerten, dem Einmischen immer so schwer gemacht hatten, spielten keine Rolle mehr. Man war so stark geworden, dass diese Stimmen unbedeutend wurden.

Heute gibt es viele Parallelen. Auch heute wollen viele im Außen alles besser wissen. Diese Stimmen haben auch heute noch Einfluss, doch lernt der Klient langsam loszulassen…

Die Familie (Frau, Kinder und Enkel) hat sich am Sterbebett versammelt. Sie sind zwar traurig, doch können sie ihn loslassen, sogar gesungen und gelacht wird.

Sein Opa holt seine Seele ab und führt ihn ins Licht. Dort zeigt dieser ihm, dass er heute als der Sohn des Klienten inkarniert ist. Mein Klient ist sehr berührt, Tränen fließen, er ist glücklich. Der Opa macht ihm klar, dass er damals gelernt hat, loszulassen, den Menschen zu helfen, er hat alle Lebensaufgaben geschafft. Er ist stolz auf seinen Enkel. In dem Leben mit dem Feuer, hatte er es nicht geschafft- er ist am Leid gescheitert. Die Verlustängste haben sich festgesetzt, sind auch heute noch aktiv.

Heute ist der Opa als sein Enkel als Helfer da, er hilft diese Ängste langsam loszulassen, Freude ins Leben zu lassen…

Eine Giraffe taucht als Krafttier auf. „ich helfe dir von oben auf die Dinge zu schauen, alles gelassen in Ruhe zu betrachten, mehr Harmonie, Ruhe und Frieden zu entdecken…"

Der Klient ist sprachlos – Krafttier, so etwas ist ihm neu…

Dann taucht ein Engel auf- auch er spielte im betrachteten Leben keine Rolle, denn er wurde nicht wahrgenommen. Gerne hätte er unterstützt. Zusammen geht's in den Tempel der Heilung.

Ich bekomme plötzlich heftige Nierenschmerzen. Ich frage den Klienten, ob er im Bereich der Lendenwirbelsäule in der letzten Zeit Beschwerden hatte. Er teilt mit, dass er einen Bandscheibenvorfall und vor einigen Jahren einen Wirbelbruch bei einem Unfall hatte. Der Engel zeigt ihm, dass er jetzt im Tempel begradigt wird, die alten Energien der Verlustängste, des Loslassens und der Wut hatten sich auf dem unteren Rückenbereich abgelagert und für heftige Beschwerden gesorgt.

Jetzt geht mein Hals zu, ich muss Husten. Der Engel taucht den Klienten im Tempel in einer Heilquelle unter. Eine schwere Energie die aus dem

Feuer, der Vernichtung, dem Verlust stammte, hat sich am Hals und im Brustkorb abgelagert. Sie wird jetzt durch die Heilenergie, und das Wasser gelöst. Gleichzeitig werden die Elemente ausgeglichen.
Dem Klienten wird Mut gemacht… ein guter Weg liegt vor ihm.
Er verlässt mich fasziniert, froh und zufrieden, wenn auch gespannt was ihn nun erwartet…

Fallbeispiel / Protokoll 33

Swetlana hat das Thema Verlustangst als Hauptthema. Schnell geht es in eine Situation auf einem Schlachtfeld.
Klar ist, sie ist auf diesem Schlachtfeld gestorben. Rückblickend erlebt sie, wie sie als junger Mann ein frohes, glückliches Leben mit einer sehr nahen Seele, seiner Frau und zwei Kindern führt. Als alle zusammen am Bahnhof stehen, ist ihm klar, dass sie sich nicht mehr sehen werden, dass er nicht mehr zurückkehren wird. Er erlebt einen sehr intensiven Schmerz, Trennung, Verlust, Trauer sind überwältigend. Als er durch eine Kugel auf dem Schlachtfeld stirbt, erlebt er diesen Schmerz sehr intensiv. Mit seinen Gedanken ist er bei seinen Lieben, er kann sie auch in dieser eindeutigen Situation nicht loslassen, so sehr leidet er. So geht er auf die Zwischenebene.
Dort trifft er viele Seelen, auch seine Frau und seine Kinder und kann erst jetzt langsam den Schmerz hinter sich lassen. Sein Schutzengel und seine Begleiter helfen ihm zurückzuschauen und festzustellen, dass seine Seele sich viele Leben gewählt hatte in denen eine Energie, nämlich die des Leidens die Hauptrolle spielte. Leiden ist auch so etwas wie seine Seelenbestimmung. In allen Facetten will seine Seele diese Schwingung begreifen. Nun taucht ein weiterer Helfer auf, Christus.
Er nimmt sie mit auf die Reise. Und sie erlebt mit ihm seine Kreuzigung. Auch sie hatte mit Christus gelebt und war in tiefes Leid, Unverständnis, Enttäuschung, Trauer, Schmerz und Loslass-Schmerz gefallen. In diesem Leben fragte sie sich: „Warum macht der das?"
Sie geht jetzt zum Hüter der Akasha Chronik und erfährt dort. „das Leiden war immer wieder dein Thema."
Die Einsicht und das Verstehen, das Leid zur Freude führt und dies in allen Facetten, ist und war immer wieder ihre Lernaufgabe. Sie hört:

„Die Seele hat oft die Möglichkeit sich anders zu entscheiden. So kann Mitgefühl statt Leiden eine sehr wichtige Erfahrung sein."

Hier gibt es noch etwas zu tun. Denn sehr oft hat sie an der Erkenntnis und der Einsicht vorbei gelebt und sich dem Leid ergeben.

Viele Seelenanteile hatte sie in diesen Leben verloren und erhält sie beim Betrachten vieler Situationen nun zurück. Auch Seelenverträge mit den Kindern und der Frau (Dualseele, im heutigen Leben die Schwester) werden aufgelöst. Eine glückliche Klientin verlässt mich und hält bis heute Kontakt. Vieles hat sich verändert, das Leben gestaltet sich immer leichter.

Fallbeispiel / Protokoll 34

Marcel steigt in eine Schmiede ein. Er ist Schmied, schmiedet Werkzeuge, Räder, aber auch Schwerter. Er fühlt diese Schwerter, schmiedet auch ein eigenes Schwert. Er liebt es, testet die Schwerter, sie sind fast Eins mit ihm. Doch weiß er auch, er will keine Waffe gegen einen Menschen einsetzen.

Sein Haus liegt etwas außerhalb des Dorfes auf einem kleinen Hügel, er lebt ohne Familie, alleine.

Eines Tages beobachtet er aus der Entfernung, dass Reiter in Rüstungen näher kommen und im Dorf randalieren. Er läuft mit seinem Schwert ins Dorf und sieht, dass die Soldaten alle getötet haben, sogar Frauen und Kinder. Er gerät so in Wut, Verzweiflung ob dieser sinnlosen Gewalttat, dass er, in Rage – Eins mit seinem Schwert - alle Soldaten tötet.

Nach diesem Ereignis bleibt das Unverständnis über die Tat. Er betrachtet das was er in dieser Wut getan hat und sein Entschluss besteht: „Ich werde keine Schwerter mehr schmieden." Quasi von selbst kommt das Thema „Heilen" auf ihn zu: Ein Ackerwagen kommt zu seinem Haus. Ein Mann hat sein Bein in einer Wildfalle stecken und schreit vor Schmerzen. Er blutet sehr stark. Der Schmied befreit ihn, wickelt Kräuterumschläge um das Bein und berührt ihn bewusst. Und – im selben Moment sind die Schmerzen weg, die Blutung steht.

In der nächsten Situation heilt er eine Frau mit starken Bauchschmerzen und fortan viele andere mehr.

Er stirbt alleine, doch erlebt er sich sehr froh und glücklich. Ein starker

Engel als Helfer will ihm helfen zu heilen. Karma ist nicht entstanden, er wollte helfen, deshalb war die Tat in Ordnung.

* „Zwischenwort" *

Wenn Du – lieber Leser – vor dem Lesen dieses Buches nichts mit Rückführungen zu tun hattest, dich nicht mit spirituellen Dingen, mit Reinkarnation… befasst hast, denkst du vielleicht: „das kann alles nicht sein, das ist seine Erfindung, die Leute spinnen vielleicht…"

Wenn du das denkst, bin ich ganz bei dir.

Denn vor 9 Jahren hätte ich ähnlich gedacht. Mich haben meine eigenen Rückführungen (alleine die Ausbildung beinhaltete 30-40 Sitzungen, weitere 50 kamen sicher dazu), aber auch das Miterleben der Klienten mittlerweile aus dem Verstandes und Logikdenken herausgebracht. Das Leben ist nicht das was wir bisher dachten. „Die Illusionen sind wo ganz anders zu suchen…"
Wenn beispielsweise die Frage nach der Reinkarnationstheorie Sie beschäftigt, kann ich Ihnen sagen, dass nahezu alle Religionen diese als Fakt betrachten. Sogar für die Christlichen Religionen war die Wiedergeburt Realität. Noch im Konzil von 451 war die Lehre der Wiedergeburt Bestandteil der christlichen Religion und wurde bekräftigt. Doch wurde dann unter dem Einfluss der weltlichen Macht, im Konzil von Konstantinopel im Jahr 553 diese Lehre wiederrufen. Grund war vor allem, dass Kaiser und Kaiserin nicht tolerierten, in möglichen weiteren Leben einen anderen – nicht königlichen Status – zu erleben. Diese Lehre würde, so glaubten sie, ihre Macht unterlaufen. Unglaublich viele Schriften wurden daraufhin verändert, viele vernichtet, so auch Evangelien die bis dato Bestandteil des kirchlichen Lebens waren.
So dürfen Sie sich in Ruhe die Geschehnisse früherer Leben betrachten…

Nachfolgend kommen noch ein paar abgedrehtere Dinge. Wenn du das nicht ertragen kannst, hör an dieser Stelle einfach auf.

Fallbeispiel / Protokoll 35

Kathrin sucht mich auf wegen Beziehungsthemen, Kinderwunsch, Familie...

Sie hat überhaupt keine spirituelle oder esoterische „Vergangenheit" und dementsprechend zweifelt sie daran, entspannen zu können, irgendetwas erleben zu können, dennoch will sie es versuchen.

Und so wundert es auch mich, was nun folgt:

Sie sitzt am Lagerfeuer einem alten, blinden Mann gegenüber. Dieser outet sich als ihr Geistführer und Meister. Diese Begriffe sind ihr fremd, so spricht sie mich während der Sitzung an und fragt: „Was ist das- ein Geistführer?".

Dazu ein kurzer Hinweis von mir. Da man in der Sitzung „nur" in einer tiefen Entspannung ist, sind solche „Pausen" durchaus möglich. So geht auch mindestens jeder zweite Klient während einer Sitzung zur Toilette.

Ich erkläre ihr kurz was ein Geistführer ist...

Ihr Geistführer, der alte Meister sagt zu ihr: „Man muss nicht sehen um zu wissen." Er steht nun unvermittelt auf, nimmt die Klientin an der Hand und geht mit ihr an einen nahen Teich. Dort steckt er seine Finger ins Wasser und sagt: „fühle was ich hier an Information entdecke...."

Ganz spontan – wie aus der Pistole geschossen sagt sie: „dieses Wasser enthält alle Informationen ganz vieler Seelen."

Ich frage sie, woher sie das weiß und bitte den Meister um Aufklärung.

Der Meister erklärt nun sehr viel und beantwortet viele unserer Fragen:

* ⚜ Wasser enthält alle Urinformationen, daraus könnte der Mensch alles Wissen ziehen, wenn er es denn endlich tun würde

* ⚜ Es ist auch eine Aufgabe der Klientin das zu entdecken und damit zu hantieren und zu agieren. Sie kann vieles lernen, kann Heilung erfahren, bewusster werden. Das Urwissen trägt mit seiner Schwingung durch das Wasser all diese Informationen und gibt sie an den Empfänger weiter. Voraussetzung dafür ist, dass der Mensch offen ist und bewusster werden möchte, entdecken möchte

- Auf meine Frage ob auch „Grander Wasser" diese Informationen trägt, verlässt er seine bisherige ernste Mimik und lacht: „Genau" ist seine Antwort. (Erklärung: wenige Tage zuvor bin ich mit dem Produkt Grander in Kontakt gekommen, die Klientin wusste dies nicht). Der Meister fährt fort und beantwortet weiter:
- Die Menschen haben das Wasser zerstört…. Ihm fehlt meist die Urinformation. Dazu tragen Chemikalien, Umweltzerstörung, das durchpressen durch Leitungen, aber auch Gedanken, Handlungen, etc. im Großen und Ganzen bei. Alles hat einen Einfluss auf alles und deshalb ist es wichtig wieder zum Urbewusstsein zurückzukehren, denn hier ist alles auf dem Weg zur EINHEIT enthalten
- Auch der Stein „Tsesit" kann das was das Wasser diesbezüglich macht, auf ähnliche Weise, auch er besitzt die Urinformation in reiner Form
- Nun erhält die Klientin Antworten auf viele ihrer Fragen und Themen. Ihre Großmutter hat viele der Familienthemen verursacht (Streit, Hass, Trennung, etc.) Dennoch muss die Klientin ihr weiter verzeihen – „Du hast schon viel geschafft" sagt der Meister
- Die Klientin hat eine Masse an Fremdenergien aufgesammelt, der Meister zeigt ihr dies. Über den ganzen Körper sind diese Energien verteilt.
- Sie darf in den Teich eintauchen woraufhin viele dieser Fremdenergien verschwinden. Energien der Oma ebenfalls, aber nicht alle. Langsam erkennt die Klientin, dass sie sich wegen der Oma-Erfahrungen viele Energien der Schuld auf den Rücken gepackt hat, Schuldgefühle die völlig unbegründet waren. Diese kann sie jetzt nach etwas Betrachtung loslassen
- Die Violette Flamme löst und löscht noch viel
- Ihr Schutzengel taucht auf und bietet Freude, Spaß, Leichtigkeit an
- Auf die Frage warum sie keine Kinder bekommt erhält sie die Antwort: „Du hattest dir ganz klar gewählt, in diesem Leben keine Kinder zu haben um dich auf andere wesentliche Dinge zu beschränken. Dein plötzlich auftauchender Wunsch entstand

durch den Einfluss der Gesellschaft, deines Umfeldes… Doch dein Wunsch vor deiner Inkarnation war klar und eindeutig." Der Klientin ist dies in diesem Moment wieder bewusst: „ja, ich hatte mir das so gewählt."

✳ „Vertraue, du schaffst das, mach weiter…" sind Aufrufe der Helfer

Eine total glückliche, überraschte Klientin verlässt mich nach 6 Stunden. Sie schreibt regelmäßig. Sie hat sich auf einen neuen Weg begeben. Den Kinderwunsch hat sie hinter sich gelassen, Beziehungsprobleme nimmt sie etwas leichter und sie hat eine neue Ausbildung begonnen (in einem Alter von über vierzig!).

Fallbeispiel / Protokoll 36

Roswitha ist auch im täglichen Leben sehr hellsichtig.
In ihrer Sitzung trifft sie an ihrem Kraftort auf viele geistige Helfer. Diese begleiten sie zuerst auf ein Schlachtfeld. Sie erlebt sich als ein etwa 19 jähriger Ritter in einem hoffnungslosen Gefühl, „ich will hier gar nicht sein".
Die Frage „Wieso bist du da" führt ihn an den Herrschaftssitz des Vaters. Der hat eine Auseinandersetzung mit einem anderen Herrscher und dabei offensichtlich eine Schlacht herausgefordert. Nun ist er krank und kann die Schlacht nicht selbst führen, er erwartet, dass sein Sohn dies macht. Doch er versucht den Vater zu überzeugen, mit dem Gegner zu verhandeln. Der Vater ist jedoch nicht zu Verhandlungen zu bereit. Es geht in den Kampf, er führt das Heer des Vaters und ist zutiefst betrübt über die Gewalt, die Toten und das Elend. Er leidet und landet nun im Zweikampf, offensichtlich mit einem Führer des gegnerischen Heeres. Er sieht sich mit dem Schwert in der Hand über den Unterlegenen gebeugt. Dieser ist völlig wehrlos, erwartet den Schwertstoß. Doch kann der Jüngling diesen Stoß nicht vollziehen, er will Frieden, keinen Tod, keine Gewalt mehr. In dem Moment in dem er dies ausdrücken will, wird er selbst von einer Lanze tödlich getroffen. Seine Seele nimmt nach seinem gewaltvollen Tod wahr, dass in der Folge Frieden einkehrt, weil der Verschonte beiden Herrschern die Situation mitteilt…

Er selbst geht als Seele in die Zwischenebene. Dort hat er Kontakt mit seinen kraftvollen Helfern die ihm / ihr zeigen, dass eine sehr intensive und kraftvolle Energie auf ihrer Schulter sitzt. Diese hat mit einem magischen Vertrag zu tun. Auch dazu schaut sie sich nun ein Leben an in dem es ein Dasein als Heilerin gab. Sie heilt Menschen auf schamanische Weise in dem sie mit der Natur, durch Tanz und so weiter Besetzungen und Geister, verstorbene Seelen und ähnliches löst. Vielen Menschen hilft sie und macht sie so glücklich.

Doch dann taucht ein Mann in einer Höhle auf der vorgibt Hilfe zu brauchen. Die folgenden Auseinandersetzungen mit diesem kraftvollen, machtgierigen Menschen der sie aufsucht und mit einem Fluch versieht führen zur Verurteilung als Hexe. In einem Käfig wird sie zur Hinrichtung gebracht. Sie erlebt, dass sie durch den Fluch nicht mehr an ihre Energien kommt, alles ist in Dunkelheit gehüllt!

In einer weiteren Inkarnation erlebt sie sich als Kristall. Unglaubliche Energien fließen in ihr und aus ihr. Licht verströmt. Doch ein Lavastrom lässt alles erlöschen was ihr Leben lebenswert machte. Dunkelheit kehrt ein und macht auch sie Dunkel.

Auf der Zwischenebene wird nun unter Zuhilfenahme von Michael und Merlin und weiterer Helfer der magische Vertrag aufgelöst, der Hüter lässt Seelenanteile zurückfließen und der Tempel der Heilung lässt viele Energien der Transformation wirken….

Fallbeispiel / Protokoll 37

Josie hat viel Erfahrung, hat Transformationstherapie erlebt, ihre Zwillingsseele kennengelernt und möchte „mehr verstehen…"
Sie erlebt sich in ihrer Sitzung als kleines Mädchen dass von einer Marktfrau großgezogen wird. Die beiden haben nicht das beste Verhältnis, dennoch ist es für das Mädel so in Ordnung. Die ältere Frau ist jedoch oft überfordert, vor allem weil das Mädchen viel herumstreunt. Sie freundet sich mit einem älteren Marktmann an. Er schnitzt und sie ist sehr beeindruckt von seinen Künsten. Aber auch die weise Natur des Mannes, sein besonderes Auftreten beeindrucken sie. Sie schaut in seine Augen und sieht sich selbst. Sie ist so sehr von ihm angezogen das alles andere im Leben fast keine Rolle mehr spielt. Doch eines Tages ist er nicht da und sie gerät völlig aus dem Häuschen. Sie

hat das Gefühl in ein tiefes Loch zu stürzen, der Boden wird unter den Füßen entzogen, es ist wie Sterben. Gleichzeitig fühlt sich die alte Frau so überfordert, dass sie das Mädchen an eine sehr wohlhabende Familie abgibt die selbst keine Kinder hat. Die Kleine wird von einem Kutscher abgeholt und eine sehr weite Strecke zu einem Gutshof gefahren. Sie hat Angst.

Nun kommen Jahre der Trauer, Schmerz, unglaubliche Sehnsucht und Verlustgefühle, Trennungsschmerz, Depression, sie leidet unerträgliche Qualen. Anfangs hilft ihr noch ein alter Baum, ihn liebt sie, er gibt ihr vieles, er hört zu, fühlt mit, sie fühlt sich verstanden…

Doch irgendwann verschließt sie sich auch gegenüber dem Baum. Sie hat das Gefühl ganz alleine auf der Welt zu sein obwohl sich im Haus alle bemühen, ihr ein gutes Zuhause zu bieten. Letztlich stirbt sie alt und traurig obwohl sich einige Jahre eine junge Frau um sie kümmert. Sie spürt Liebe und Wärme, doch kann sie diese nicht zulassen. Auch das macht sie traurig. Sie weiß, sie hatte die Lernaufgabe zu lieben und hat es nicht wirklich geschafft. Sie bedauert das: „schade, ich kann die Zeit nicht zurückdrehen…"

Sie hatte ihr Leben lang die alte Marktfrau gehasst, da diese sie einfach aus dem Umfeld das sie liebte, weggeben hatte. Diese Marktfrau ist im jetzigen Leben ihre Schwester – mit ihr gibt es auch heute Stress, bis hin zum Hass, Wut… „Sie hat mich aus Angst vor der Verantwortung abgeben. Sie hat einfach entschieden ohne mich zu fragen." Auch heute will ihre Schwester immer entscheiden!

Auf der Zwischenebene teilt ihre Schwester mit, dass sie doch nur der Spiegel und Helfer ist. Die Klientin will schließlich Selbstverantwortung, Entscheidungen treffen lernen, Vertrauen haben, Verzeihen und Vergeben. Und dabei hilft sie ihr.

Als dies der Klientin klar ist, können beide einander verzeihen. Ein riesiger Ballast fällt ab. Sie ist „dem Spiegel" dankbar.

Als Klientin erkennt sie: „Meine Angst hat mich krank gemacht." Sie ist trotz allem berührt, dass die junge Frau die sie am Lebensende pflegt, sie trotz der Ablehnung liebt. Die Glaubenssätze drücken all das aus: Sie will nie wieder hart sein, leiden, lieben, verlassen werden, alleine sein, Angst haben – aber immer mit ihm (dem Seelenpartner) zusammen sein und ihn wiederfinden….

Auf der Zwischenebene empfängt sie der alte Mann, - die heutige Dualseele und ihre Schutzengel. Endlich sind sie wieder vereint. Sie ist froh, vereint, EINS; „mehr brauche ich nicht", sagt sie. „Ich habe wieder alles, bin wunschlos, bin glücklich."

Ihr Hüter der Akasha Chronik hat viel mitzuteilen und zu verändern:

- ✳ Viele Glaubenssätze werden gelöst
- ✳ Der Vertrag: „Ich will immer mit ihm zusammen sein und ihn wiederfinden" wird gelöst
- ✳ Sie kann umfassend verzeihen
- ✳ Sie tauscht sich mit der Zwillingsseele aus: sie sprechen über ihre Gefühle, über die Lügen in vielen Leben, Verletzungen, Wut, Hass
- ✳ Er weint, ist traurig, es tut ihm leid…
- ✳ Nun weiß sie, dass sie sich so weit von dem entfernt hatte was sie im Leben eigentlich wollte. Deshalb kam ihr Zwilling ja ins Leben…
- ✳ Sie erhält viele Seelenanteile zurück (Selbstwert, Vollständigkeit, Selbstliebe, Selbstvertrauen, Achtung, Freiheit, Gelassenheit, Harmonie, Wertschätzung)
- ✳ Gegenseitig werden Energien einander zurückgegeben/ ausgetauscht

* Schlusswort *

Nun ist dieses Buch „eigentlich" mein 6. Buch. Geplant hatte ich es als „Miniausgabe" meiner Bücher zur Rückführungstherapie. Ich wollte für die Menschen, die sich nur im Bereich der E-Books umschauen ein „günstiges" Buch stricken, das Geschmack auf dieses interessante Themenfeld macht.

Durch das Schreiben meiner ersten beiden Bücher weiß ich wie schnell ein Buch wächst wenn man ein solch riesiges „Spielfeld" betrachtet. Denn das Leben ist nichts anderes als ein riesiges Spielfeld. Doch dann wurde auch dieses Buch etwas umfangreicher als geplant. Auch wollte ich eigentlich nur 0-8-15 Sitzungen abbilden, also Sitzungsprotokolle mit ganz „normalen" Sitzungsinhalten. Aber es kam anders, weil das Leben unter der Oberfläche anders ist! So bilden die Protokolle ein wenig von der Vielfalt des Lebens ab.

Auch habe ich dann, letztlich beim letzten Korrekturlesen und vor allem wegen der wunderbaren Covergestaltung entschieden, doch ein Taschenbuch drucken zu lassen.

Denjenigen für die dieses Buch das erste von mir ist und die sich schon intensiver mit dieser Materie befassen, sei gesagt, dass ich in meinen anderen Büchern deutlich mehr ins Detail gehe, einzelne Themenfelder genauer betrachte und analysiere.

Dieses Buch kann aufgrund der Zielrichtung und Zielgruppe, nur einen ganz kleinen Bruchteil dessen abbilden, was die Arbeit eines Rückführers ausmacht. Lust auf mehr? Vielleicht folgen ja weitere Bände…

Und auch das Schlusswort soll diesmal schmal bleiben – was für mich eine wirklich schwere Übung ist. Deshalb befasse ich mich diesmal nur mit folgender Frage:

✳ Warum passieren die Dinge denn so? ✳

Also – warum läuft Dein Leben so wie Du es erlebst? Warum lief das Leben der oben beschriebenen Klienten so?

Nun, alle unsere Leben sind abhängig von mitgebrachten und selbst gewählten Voraussetzungen, den Lebensaufgaben, den Archetypen, den bisherigen Erfahrungen, Karma, Seelenverträgen und so vielem mehr.

Ich habe nachfolgend einige Situationen, Begebenheiten, Fragestellungen wie sie im Leben auftauchen können, aufgelistet. Hinter den Pfeilen habe ich (vielleicht etwas provokante) mögliche Erklärungen formuliert…:

- ✱ Seit langer Zeit drücke ich mich um die Verantwortung und plötzlich werde ich als Erbe zum Chef einer großen Firma
  ✳ Nehme ich die Verantwortung an und boxe ich mich durch? Lasse ich mich von der Verantwortung erdrücken statt das zu tun was ich will oder liebe?
- ✱ Mehrmals hatte ich die Möglichkeit mir die Gründe meiner Ängste anzuschauen und habe mich nie getraut. Und dann steht die Angst in Form eines wilden Tieres vor mir
  ✳ weglaufen? In die Augen schauen? Endlich glauben das es einen Helfer gibt den ich vor mich stellen kann? Den Kopf in den Sand stecken? Verstecken?
- ✱ Niemals habe ich wirklich mit Unrecht umgehen können, und dann entziehen mir meine Eltern das Erbe. Wie soll ich da verzeihen?
  ✳ Liegt der Schatz nicht in Dir? Benötigst du Haus und Hof um Gerechtigkeit zu erleben. Liegt diese nur in Materiellem?
- ✱ Ich habe mir für mein Leben vorgenommen endlich meine Rechte als Frau einzufordern. Nun werde ich zwangsverheiratet
  ✳ Demut üben! Wie bitte? Ja, auch mir selber gegenüber muss ich

demütig sein. Nichts rechtfertigt es, dass etwas gegen den Willen eines Menschen geschieht. Ich bin es mir selbst schuldig aus bestimmten Situationen auszusteigen. Gott sagt: „es ist immer für euch gesorgt", also geh!

* Ich begegne einem Menschen den ich über alles liebe, doch verliere ich ihn
  * Frage dich: „liebe ich mich? vertraue ich mir? achte ich auf mich?". Dann weißt du warum er in dein Leben getreten ist und wieder ging…

* Viele Jahre lebe ich in einer unglücklichen Verbindung und nun begegne ich einem Menschen der mich völlig aus der Bahn wirft
  * ja, manchmal ist der letzte Weckruf auch noch „Wunderbar". Aber wundere Dich nicht, wenn Du das richtige tust und dieser Mensch dann wieder verschwindet – er hat schließlich seine Aufgabe erfüllt

* Ich gebäre ein Kind das ich nicht lieben kann. Die Voraussetzungen unter denen es gezeugt wurde, schmerzen zu sehr…
  * Lieben lernen ist ein langer Prozess und manchmal haben wir bereits einen langen Lernweg der Liebe hinter uns. Dann werden die Aufgaben immer ein wenig schwerer… Tu es! Liebe Dich und jeden der mit Dir auf dem Weg ist

* Mein Knie schmerzt immer dann wenn ich's am wenigsten brauchen kann
  * ach diese Knie'… gehörst du auch zu den sturen, den bockigen, den verkopften… Liebe dein Ego, aber nimm ihm seine Macht – dann darf dein Knie sich wieder beugen und wohlfühlen

* Meine Mutter hat mich schon abgelehnt als sie mich im Bauch gefühlt hat. Wie soll ich mich denn da selbst annehmen?
  * wer hat denn gesagt das Aufgaben leicht sein müssen? Stelle dich, denn es gibt nichts schöneres als sich kennenzulernen und die Liebe zu sich zu entdecken

✳ Immer musste ich als Frau stark sein. Und nun soll ich meine Weiblichkeit und Nähe zulassen, einen Mann neben mir als Halt, Freund, Partner zulassen?

　＊ Du wolltest Frau sein, wenn es nur ums Kämpfen ginge, hättest du ins Kolosseum gehen dürfen… du hattest die Wahl! Und vielleicht wäre der Kampf mit dem Löwen leichter gewesen

✳ Diese Hüftschmerzen plagen mich schon sehr, wenn dann auch noch das Kreuz dazukommt…

　＊ oh Mann, dass du noch immer auf der Stelle trittst. Wie viele Hinweise brauchst du noch um endlich einen anderen Weg einzuschlagen? Ich höre deine Seele bis an meinen Schreibtisch rufen

✳ Ich bin Vegetarier aber scheinbar kommen alle Kunden die Fleisch kaufen zu mir an die Kasse

　＊ Huch… ich wusste gar nicht, dass Fleischesser auch Toleranz verdient haben…

✳ Immer erlebe ich nur kurze Beziehungen. Der richtige, dauerhafte… bleibt aus. Obwohl- ich hatte einen getroffen und traute mich nicht ihn anzusprechen

　＊ ist es echt wahr? Schon seit fünf Leben traue ich mich nicht dich endlich anzusprechen? „Pssst: es soll einen Engel geben der nur um Hilfe gefragt werden will… - verrat es nicht"

✳ Immer wieder erlebe ich Momente wo mir der Hals zugeht, oder ich nicht in der Lage bin zu sagen was ich sagen will

　＊ damals… als du immer wieder deine Rechte eingefordert hast, da hat man dich aufgeknöpft. Aber das ist lange her… heute darfst du wieder Mut haben!

✳ Oft hatte ich schon das Gefühl ich werde beobachtet. Immer wieder spüre ich einen Windhauch, eine Berührung

　＊ wer hindert dich eigentlich mit einem Engel zu sprechen? Mit einer Fee? Mit… Vielleicht musst du erst lernen dir selbst zu vertrauen, dann kann man auch Helfer zulassen

⁂ Ich habe die Entscheidung getroffen dies oder jenes zu tun, doch in meinem Inneren war etwas wie „Unverständnis"
* Oh – also lebt deine Innere Stimme noch… es gibt Hoffnung!

⁂ Ständig laufen mir Rehe vors Auto. Neulich stand eines vor meinem Auto und schaute hinein als wolle es etwas sagen…
* Ah… du gehörst zu den Menschen die an Zufälle glauben? Die Rehe nicht. Manchmal sprechen sie mit dir wie deine Katze, dein Hund… Was die Rehe dir sagen? Wie? Sie laufen weg? Nun- vielleicht solltest du auch endlich diesen Schlamassel hinter dir lassen…

⁂ Immer wieder plagt mich Juckreiz. Manchmal sieht meine Haut sehr geplagt aus
* Na, in deiner Haut möchte ich auch nicht stecken. Du fühlst dich wohl in deiner Haut?

⁂ Ich kann einfach keine Nähe mehr zulassen. Sollen sie mir doch vom Leib bleiben, berühre mich nicht, Umarmung- nein Danke…
* Du musstest dieser komischen Tante auch immer ein Küsschen geben? Die, bei denen du gerne mal auf dem Arm gewesen wärst, waren nie da? Ich verrat dir was: „da ist so ein kleines etwas in dir, dein Inneres Kind. Das wartet sehnsüchtig darauf Nähe zu erleben und du kannst das… und dann passiert Erstaunliches…"

⁂ Seit ich Kind war, begegnen mir nur Männer die mir sagen was ich zu tun habe, wann, wo, wie viel. Zähle ich denn gar nicht?
* Und wie du zählst. Das sagen sie dir doch immer. Sobald du dich zu Wort meldest haben sie ihre Aufgabe erfüllt – und sie dürfen sich endlich ausruhen

⁂ Ich mag diesen Mann nicht, wieso steht er immer an meiner Kasse?
* wenn du dich endlich magst, wenn du dir morgens im Spiegel endlich freundlich zulächelst und sagst: „was habe ich mich gesehnt einen so wundervollen Menschen zu sehen" …dann steht er an einer anderen Kasse. Und dann denkst du: „komisch- er hat sich total verändert…

Ja! So ist das Leben. Jeder Moment gibt dir Hinweise. Hinweise, wie Du Deine Dinge noch besser erledigen kannst, wer du bist, woher du kommst und wohin du gehst…

Und alle diese Antworten wohnen in dir, seit tausenden von Jahren. Alle! Ich versichere es Dir!

Und nun, nichts wie ran ans Leben

Die Verborgene Wahrheit - Rückführung als spiritueller Neubeginn

und

Angst und Liebe; Trauer und Freude; Verzweiflung und Hoffnung. Nun erkenne wer du wirklich bist

Die beiden Rückführungsbücher enthalten unter anderem viele Fallbeispiele und Erfahrungsberichte aus der Rückführungstherapie/ Reinkarnationstherapie. Sie zeigen aber auch, inwieweit das gesamte Spektrum dieser Möglichkeiten den Menschen in seiner persönlichen Entwicklung unterstützt und weiterbringt. Themen wie Besetzungen, Seelenverträge, Karma und Fremdenergien, körperliche und seelische Beschwerden, nichtmenschliche Existenzen, das Leben zwischen den Leben, verlorene Seelenanteile, Traumata und Ängste und vieles mehr werden betrachtet.

Lucias wunderbare Seelenreise - ...und immer wieder grüßt das Leben...

Lucia ist die Geschichte einer Seele. Im Wandel mitten aus dem Leben hinüber auf die geistige Ebene, die Zwischenebene erlebt sie viele erstaunliche Dinge wie der Rückblick auf das vergangene Leben, Lernen, Verstehen und Vorbereiten auf ein neues Leben. Es ist ein wundervolles Abenteuer für Lucia... Sie hilft dir die Ängste vor dem Sterben und dem Loslassen zu verlieren. Sie erklärt, was vor, während und nach dem Sterben passiert. Die Frage nach dem „Danach" wird spielerisch gezeigt und dabei gleichzeitig erklärt, warum dein neues Leben so beginnt wie es begonnen hat... Deshalb ist Lucia für Groß und Klein "ein Genuss".

Zurück zum EinsSein: Geschenk und Aufgabe der Zwillingsseele

In diesem Buch sind viele Antworten auf „Warum-Fragen" zum Thema Zwillingsseele und Seelenpartner abgebildet. Auch viele weitere Themen wie Schattenarbeit, Rollen, Masken, Muster, Verletzungen, Loslassen, Urverletzung, Glaubenssätze, Ego, die Täter-, Helfer- und Opferrollen , die inneren Anteile, wie das innere Kind, Animus und Anima, werden betrachtet. Aber auch Eigenschaften, wie das Mitgefühl, die bedingungslose Liebe, Vergebung und Verzeihung gehören zum Inhalt. Dieses Buch ist ein Wegweiser für Menschen, die das Zwillingsthema im Kontext mit diesen Themen betrachten möchten und für die Menschen, die auf welche Weise auch immer, auf der Zielgeraden sind...

Zurück zum GesundSein. Zusammenhänge von körperlichen und seelischen Zusammenhängen

Entdecken Sie, auf welche Weise ihr Körper Ihnen Botschaften sendet und welche Ursachen hinter den vielen körperlichen Wahrnehmungen (Erkrankungen, Schmerzen und andere Symptome.) verborgen sein können. Sie werden durch dieses Buch in der Lage sein, diese Botschaften zu entschlüsseln und wirksame Lösungen zu finden. Viele beschriebene Übungen helfen Ihnen dabei, entdeckte Erkenntnisse praktisch umzusetzen. Das Buch dient als Hilfe zur Selbsthilfe und ist gleichzeitig wichtiger Baustein, die Zusammenhänge des Lebens besser zu verstehen.

...Ans Herz legen möchte ich Ihnen auch ein wunderschönes Buch von Eva Leuwer, meiner Tochter:

„Eine Woche nach dem Tod: Wie zufällige Bekanntschaften das Leben verändern"

Dieses Buch gibt, verpackt in einem Roman, Antworten auf die Fragen, die das Leben aufwirft. Wo komme ich her, warum bin ich hier, habe ich die freie Wahl, hat das Leben überhaupt einen Sinn…? Es fordert den Leser auf, sich auf die Suche nach sich selbst zu begeben.

Im Mittelpunkt steht Philipp, er ist verzweifelt, sieht keinen Sinn mehr in seinem Dasein und ist fest dazu entschlossen, seinem Leben ein Ende zu setzen. In letzter Sekunde entscheidet er sich anders…

Meine als CD erschienenen Heilmeditationen:

Du und dein Inneres Kind: Heilmeditation mit dem Inneren Kind

Diese Heilmeditation führt dich zu deinem Inneren Kind, hilft dir Kontakt aufzunehmen und in einer wunderschönen Umgebung das Innere Kind aktiv zu heilen, bzw. einen heilenden Prozess zu starten. Die Integration, das EINS werden mit dem Inneren Kind ist eine sehr bereichernde Erfahrung.

Die Quelle der Heilung: Eine geführte Reise mit deinen geistigen Helfern zu einer besonderen Heilquelle

Im Ursprung war alles heil, war alles ganz, war alles in Gott. Dass dies letztlich auch heute noch so ist, haben wir weitestgehend vergessen. In dieser Meditation erinnerst du dich an vieles, begegnest vielem, was dir vertraut war. Durch die sanfte Begleitung deiner Helfer wirst du auf dieser Reise heil, ganz werden. Sie führt dich zu einem Ort, an dem du auftanken, loslassen und entspannen darfst.

Meditationen zur Energietrennung: Energieausgleich, Reinigung des eigenen Energiefeldes und Befreiung von Fremdenergien

Diese Meditationen führen dich und geben dir Instrumente, bzw. Werkzeuge, mit denen du Klärung und Reinigung bewirkst. Du kannst energetische Verbindungen lösen, Energietrennungen vollziehen, Energien ausgleichen, sowie Energieräuber auf Abstand halten. Dabei kannst du jedes Werkzeug für dich testen, je nach Grund oder Einsatz kann ein anderes Instrument wirksamer sein.

Heilmeditation zum Ausgleich der Elemente

Wir Menschen sind sehr erfahrungsabhängig. Haben wir im Laufe unserer vielen Inkarnationen schwierige Erfahrungen mit den Elementen gemacht, sind wir beispielsweise verbrannt, ertrunken, erstickt, oder abgestürzt bleiben oft Blockaden die uns zu schaffen machen. Ängste vor Feuer oder Wasser, Höhenangst oder die Angst vor dem Ersticken sind oft Folgen denen man mit normaler Betrachtung nicht auf die Spur kommt. Diese Heilmeditation zum Ausgleich der Elemente unterstützt dich Blockaden, Mißschwingung oder auch Unausgeglichenes zu entdecken und in die Heilung zu führen. So wird jedes Element, wie auch die Elemente untereinander betrachtet und ausgeglichen. Krafttiere unterstützen den Prozess ebenso wie der Hüter der Elemente.

Viel mehr Informationen finden sie auf meiner Homepage. Gerne schicke ich ihnen meine Bücher und CD mit einer persönlichen Widmung zu. Nehmen sie dazu über meine E-Mailadresse Kontakt auf.

Autorenporträt

Horst Leuwer wirkt in der Vulkaneifel als Rückführungs- und Reinkarnationstherapeut sowie als ganzheitlicher Therapeut. Suchend nach seinen Wurzeln und der Wahrheit die man auch als solche fühlen kann, begegnete er der Rückführungstherapie und dem spirituellen Heilen, aber auch vielen neuen Dingen, Personen und vorher nicht für möglich gehaltenen spirituellen Erfahrungen.

All dies bringt Horst Leuwer seither in seinen Büchern und CDs auf Papier, beziehungsweise in Wort und Ton als Heilmeditation.
Was veranlasst einen Menschen Bücher zu schreiben? Was veranlasste Horst Leuwer Bücher zu schreiben?

Zurückblickend sagt Horst Leuwer, dass er als Kind einmal den Gedanken hatte: „Ich werde irgendwann ein Buch schreiben".
Dessen erinnerte er sich nachdem er bereits vier Bücher geschrieben und mehrere Heilmeditationen auf CD aufgenommen hatte.
Sein erstes Buch „die verborgene Wahrheit" entstand aus den berühmten Zufällen die es ja nicht wirklich gibt.
Getarnt als Tagebuch seiner „Entwicklung zum Rückführer" entstand ein Buch, dass mittlerweile viel mehr Menschen erreicht und zu den eigenen Wurzeln geführt hat, als er es sich vorher vorstellen konnte. Er selbst war durch die vielen Erfahrungen innerhalb dieser Entwicklung ein anderer Mensch geworden, nein er war endlich zu dem zurückgekehrt der er wirklich ist. Das Schreiben hat dazu einen großen Teil beigetragen. Er entdeckte sich mit jeder Seite immer mehr. Er verstand seine Seele, seinen Körper, seinen Geist, aber auch das SEIN an sich, immer mehr.

Er lernte endlich zu fühlen, über diese Gefühle zu sprechen, Gefühle weiterzugeben, Altes loszulassen und neue unerforschte Wege zu gehen. Dies alles war dann Stoff genug für seine ersten beiden Bücher rund um das spirituelle Erwachen eines Menschen und der vielfachen Erfahrungen von und mit seinen Klienten.

Früh hatte er bei der Arbeit mit den Klienten erfahren und erlebt wie sehr das Trauern, die Traurigkeit, der Schmerz und der Verlust, sowie das Loslassen den Menschen beschäftigt und letztlich vom LEBEN abhält. Doch machten diese Klienten nahezu immer die Erfahrung innerhalb der Sitzungen, dass ihre eigentliche Heimat in ihrer Seele und bei Gott ist. Viele sprachen dabei beispielsweise aus: „Ich hätte niemals gedacht, dass Sterben so froh machend ist, es ist wie nach Hause gehen." So fasste Horst Leuwer früh den Entschluss irgendetwas zu schaffen, was den Menschen die Angst vor Sterben und Tod, Verlust und Loslassen nehmen würde. *Und so entstand Lucias wunderbare Seelenreise.* Ein wundervolles Buch mit traumhaften Illustrationen.

Für Horst Leuwer sind die Erfahrungen und „sein Heilwerden", sowie das Dasein seiner Seele Grundlage seiner Bücher und seiner weiteren Entwicklung.

Falls sie weiteres Interesse an der Rückführungs- und Reinkarnationsarbeit, sowie den vielfältigen Methoden und Möglichkeiten der Ganzheitlichen Therapie haben, erhalten sie mehr Informationen und Kontaktdaten auf meiner Homepage:

www.rueckfuehrungstherapie-leuwer.de

info@rueckfuehrungstherapie-leuwer.de